위기의 사업전략

위기의 사업전략

펴 낸 날   2022년 10월 28일

지 은 이   김수웅
펴 낸 이   이기성
편집팀장   이윤숙
기획편집   서해주, 윤가영, 이지희
표지디자인 윤가영
책임마케팅 강보현, 김성욱
펴 낸 곳   도서출판 생각나눔
출판등록   제 2018-000288호
주   소   서울 잔다리로7안길 22, 태성빌딩 3층
전   화   02-325-5100
팩   스   02-325-5101
홈페이지   www.생각나눔.kr
이 메 일   bookmain@think-book.com

비즈니스 위기 극복의 전략과 시나리오

김수웅 지음

위기의
사업전략

생각나눔

위기의 사업전략

　매년 사업전략을 수립할 시기가 다가오면 전략수립을 담당하는 부서에서는 고민이 깊어진다.

　그 이유는 계획대로 전략이 전개되지 못하였거나 계획대로 전략을 전개하였지만, 그 결과가 예상한 만큼 좋은 결과를 거두지 못하였기 때문일 것이다. 전략수립과 시행에 대하여 대기업은 체계가 잡혀 있어서 큰 문제 없겠지만, 중소기업의 입장은 매우 다르다. 사업전략 개념이 정립되지 않은 상태에서 임기응변으로 사업을 진행하여 왔던 일부 중소기업 대표 입장에서 스스로 전략을 수립해 보려 하지만 그 역시 마땅치가 않아 보인다.

　지난 37년간 한국 후지 제록스에 근무하면서 전략수립 프로세스가 얼마나 중요한지 경험을 하였고, 성공적으로 전략을 수행하기 위하여 어떠한 마인드와 프로세스를 갖추어야 하는지를 경험했다. 과거의 시행착오를 잘 살피고 기업환경의 변화를 예측하여 비즈니스 성공 포인트를 찾아내는 전략수립 과정을 누구나 잘 알 것 같지만, 실제로는 그렇지 못하다. 모두 알고 있듯이 기업은 변화하지 못하면 고사할 수밖에 없는 운명에 처해진다.

수많은 기업은 위기에 닥칠 때마다 수많은 노동자를 감원하며 몸집을 줄이거나 비즈니스 모델을 다운사이징 하여 왔다. 하지만 위기 극복의 전략과 시나리오가 존재하지 않는다면 또 다른 경영의 위기로 이어질지는 아무도 장담할 수 없는 것이다.

이 책을 통하여 아주 오래전부터 수행해 왔던 일본계 회사만의 독특한 위기 극복 시나리오를 반면교사로 삼아 앞을 내다볼 수조차 없는 현재의 어려운 기업 환경 속에서 사업의 목표와 방향성을 잃지 않고 전 사원의 역량을 한 곳으로 모이게 하여 위기 극복을 하기 바란다.

CONTENTS

02 | Balance score card

03 | 방침 관리

04 | Quality를 통한 경영 난국 돌파

05 | Benchmarking

PROLOGUE

2021년 8월 도쿄 하계 올림픽

올림픽은 매번 우리에게 큰 감동과 인사이트를 통하여 동기부여를 주곤 한다.

코로나 바이러스로 인하여 개최국인 일본에서조차 올림픽을 취소해야 한다는 여론이 들끓었지만 결국 무관중 경기를 치르기로 결정하였고, 이러한 열악한 환경 속에서도 감동을 주었던 일화들이 하나둘 소개되었다.

서핑 올림픽 챔피언인 브라질 서핑선수 페레이라는 집채만 한 파도로 인하여 서핑 보드가 두 동강이 났어도 굴하지 않고 보드를 다시 챙겨 바다로 뛰어들어가 모든 파도에서 고득점을 받아 금메달을 목에 걸었다고 한다.

페레이라는 브라질 북동부 빈민촌에서 태어나 어부인 아버지와 바다로 나가 얼음을 덮어두는 아이스박스 뚜껑으로 서핑을 시작했고, 불우한 환경을 극복하고 세계 정상까지 올라온 선수라고 한다. 페레이라 선수는 미래의 어떠한 목표를 위해 어렵게 준비하는 모든 이에게 희망과 용기를 전해 준 사례라고 할 수 있다

한편, 한국팀 선수 중에서도 양궁, 펜싱, 체조, 육상, 탁구, 배구에서 국민들에게 좋은 성적과 더불어 감동을 준 선수들이 있었던 반면 축구와 야구에서는 오히려 선수들이 국민들에게 실망감을 주었다. 물론 국민의 기대가 너무 컸을지는 모르겠지만 선수들이 최선을 다하지 않아 보이는 모습들이 국민들의 눈살을 찌푸리게 만든 것일 거란 생각이 든다.

승리한 선수들의 뒷이야기를 들어보면 단순히 체력과 기술로만 승부를 거는 것이 아니고, 데이터를 보다 세밀하게 분석하고 효율적으로 활용하였다는 것을 알 수 있다.

감독과 코칭 스태프들은 모든 선수의 영상과 기록, 트래킹 데이터를 수집하고 분석하여 선수들과 같이 공유하여 볼 수 있게 시스템을 구축하고 데이터를 기반으로 훈련방식과 더불어 공격과 수비의 패턴을 다양하게 시도해 보며 승률을 높여 나가고 있다.

2008년 베이징올림픽 금메달을 획득해 디펜딩 챔피언으로 출전한 한국 야구팀은 13년 만의 올림픽을 '노메달'로 마감했다. 악송구를 하며

역전을 허용하는 투수의 모습과 승부욕이 없어 보이는 선수들을 보면서 전략을 구상하는 감독과 코칭 스태프의 역할도 중요하지만, 더욱 중요한 것은 전략을 수행하는 선수들의 태도와 의식이 승패를 결정짓는다는 것을 알게 해 주었다. 즉, 전략의 성공과 실패는 전략을 실행으로 옮기는 조직의 전략 이해도를 높이고 최선을 다하려 하는 조직문화에도 많은 관계가 있다는 것이다.

한국 후지제록스의 기술 서비스를 전담하는 자회사(서울 후지제록스 서비스 주식회사) 사장으로 부임하였을 때의 일이다.

사원들은 과도한 업무로 심신이 지쳐 있었을 뿐 아니라 자회사라는 이유로 본사로부터 불평등한 대우를 받고 있다며 불만이 많이 있었다. 그도 그럴 것이 그 당시에 자회사를 하나씩 본사로 흡수하면서 일부 직원들은 어쩔 수 없이 퇴사를 해야만 하는 고용 불안정 분위기가 고조되었던 시기였기 때문에 회사 분위기는 매우 불안정해 보였다.

나는 우리 사원들이 무엇을 걱정하는지 충분히 이해도 되었지만, 앞날에 대한 막연한 걱정과 항상 수동적이고 위축된 자세가 문제라고 판단하였다. 나는 사원들과 생각의 방향을 변화시키고, 회사의 경영 방향에 편승시키는 것이 필요하다고 판단하였다. 따라서 사원들과 현재의 경영실적과 변화하는 경영환경과 생존전략에 대하여 공유하고 토론하며, 우리 스스로 무엇을 해야 할지 역할에 관한 의견 교류를 하곤 하였다. 그리고 일과 후 사원들과 외부강연도 같이 참석하여 사외 경영환경과 변화에 대하여 생각할 수 있는 기회를 부여하며 어떠한 영감을 얻을 수 있기를 기대하였다. 그리고 외부강연을 듣고 나서 우리는 맥주집에 모여 강연을 듣고 난 후 느낌과 의견을 공유하기도 하였다.

그러던 중 기술 서비스를 전담하던 사원들에게 '컨설팅 엔지니어'로 변화하게 된 동기가 있었다.

복합기를 사용하는 다수의 우리 고객들은 컴퓨터와 네트워크 지식이 부족하여 회사 내 사용하는 컴퓨터를 포함한 사무기 관리를 어렵게 생각하는 것에 착안하여 사원들이 보유하고 있는 전문지식으로 고객에게 도움(컨설팅)을 주기로 하였다. 시작은 아주 사소하고 작은 도움이었지만 고객들은 서비스 사원들을 신뢰하기 시작했고, 나중에는 고객이 컴퓨터 및 프린터 등 모든 사무기를 교체하거나 새로이 구입할 때는 기술 서비스 사원들에게 자연스럽게 문의를 해 오기 시작했다. 그 결과 우리 기술 서비스 사원들은 영업사원보다 먼저 고객사의 기기 변경 정보를 접할 수 있었으며, 급기야 연간 1,000대 정도의 복합기 판매를 지원하며 회사의 영업활동에 크게 기여할 수 있었다.

이러한 변화가 성과를 보이면서 사원들 스스로 조금씩 활기가 돌기 시작했으며, 그들이 스스로 선택한 변화가 새로운 성과를 만들어 내고 보람을 느끼게까지 되었다. 또한, 전에는 관심조차 없었던 기술 경연대회에서 우수한 성적으로 입상하는 사원들이 속속히 나오기 시작하자 사원들 스스로 자존감과 자신감이 생기기 시작했다. 때마침 본사 사장이 자회사의 이러한 성공 사례를 접하고 직접 방문하여 손수 자회사 성공 사례를 사내방송으로 전사에 전달하기도 했다. 시간이 흘러 이러한 변화를 후지제록스 아시아 퍼시픽과 일본 후지제록스 본사 카이젠(개선) 활동 발표대회에 가서 성공 사례로 소개도 하게 되었다.

이와 같이 성공하는 사업전략의 첫 번째 조건은 직원들의 사기 진작이다. 탁월한 리더십도 중요하지만, 조직원들이 전략의 방향과 목적을 이해하고 스스로 변화를 할 수 있도록 힘을 모을 수 있어야 성공할 수 있는 것이다.

내 기억으로는 사업계획을 수립할 때마다 경영환경이 좋다고 생각해 본 적이 단 한 번도 없었다. 기업의 입장에서는 매년 높은 목표를 달성하면서 지속 성장(Sustainable Growth)을 해야 하기 때문에 사업계획을 수립할 당시에는 항상 중압감을 느낄 수밖에 없으므로 경영환경이 좋다고 이야기할 수 없는 것은 당연한 것이라 생각한다.

성공 사업전략을 수립하기 위하여 꼼꼼하고 구체적인 사업전략이 매우 중요하다. 사업전략은 경쟁에서 이기기 위한 시나리오이기 때문에 성과에 대한 Review를 통하여 전략을 수정하고 조직원들에게 새로운 역할을 부여할 필요가 있다.

이 책을 통해서 공유하고자 하는 사업전략 수립 방법과 전개요령은 오래전부터 일본 기업에서 실행해 왔던 성공적 사례들을 바탕으로 기술하였다.

또한, 과거 미국의 제록스가 경영 난관에 부딪혔을 때 어떻게 헤쳐 나갔는지를 과거 기록물을 통하여 역사를 더듬어 보고 실례를 들어 쉽게 설명하려고 노력했다. 지속되는 전 세계적인 경제불황으로 경제성장률이 하락하고, 도산하는 업체가 늘어나고 있다. 이러한 난국을 극복하기 위하여 어떤 이는 'Back to Basic'이 필요한 때라고 하기도 하는데, 우리는 과거 일본 기업이 어떻게 생존전략을 세웠는지 검토하고 타산지석으로 삼아 치밀한 사업전략과 방침을 세워 실행으로 옮기는 노력이 필요할 때라고 생각되어 이 책을 기술하게 되었다.

2022년 가을

01

사업전략?
무엇이 문제인가?

사업전략 수립 시 성급히 K.P.I(Key Performance Indicator)를 우선적으로 염두에 두고 진행하는 경우를 종종 보아 왔다. 단순히 K.P.I(Key Performance Indicator)를 그저 단순히 조직과 사원을 평가하는 방법으로만 활용하는 많은 기업을 볼 수 있다. 혹여 K.P.I를 조직과 사원을 평가하는 수단으로만 활용하는 데 그치고 있다면 매년 많은 시간과 노력을 들여 사업전략을 수립하고 있는 것에 대하여 회의적 생각하지 않을 수 없다.

그리고 경영자 입장에서 사업전략이 장기적인 회사의 목표와 비전 달성에 필수적인 과정이라고 생각할 수 있겠지만, 사원 입장에서는 사업전략 수립 과정 자체가 매년 반복되는 형식적 행위로 느껴질 수 있기 때문이다. 그리고 매년 많은 시간을 들여 내, 외부 환경분석과 실적 Review를 통하여 목표와 계획을 수립하고 있음에도 불구하고 그 효과에 대하여 회의적 생각을 하지 않을 수 없는 것도 솔직한 마음이다.

사업전략과 Action plan이 철저한 Review와 기업 환경분석 분석을 통하여 도출되지 않고 상위조직의 일방적 지시나 Direction을 필터링 없이 받아들이거나 비공식적인 대화를 통하여 근거 없이 돌발적으로 만들어지는 경우도 적지 않은 것도 사실이다. 이렇게 되면 전략을 수립하는 기획 담당자 입장에서 전략을 수립하기 위해 투자한 많은 시간과 노력이 결코 생산적이거나 효과적이지 않았을 뿐 아니라 사업전략의 Action plan 역시 지난해와 비교하여 특별히 새로운 것이 없다고 느껴질 수도 있을 것이다.

그렇다면 왜 투입된 노력과 시간에 비해 전략이 만족스럽지 못하게 생각되는 것일까?

첫째, 그것은 아직도 많은 기업이 경쟁환경과 비교하여 보다 효과적이고 실현 가능한 새로운 전략을 수립하기보다는 그저 모회사와 상위부서의 전략을 그대로 전달받아 수용하거나 과거의 실행계획을 계속 유지하는 정도로 목표를 설정하거나, 새로운 도전과 노력을 의도적으로 피하고 있기 때문은 아닐까 하는 생각이 든다. 또한, 경영진들조차 매년 유사한 사업전략에 크게 기대하지 않기 때문에 그러한 결과를 낳게 되는 것은 아닐까 하는 생각도 든다.

둘째, 수립된 사업전략이 '전략의 방향성'을 명확히 보여 주지 못하여 임직원뿐만 아니라 사원들에게까지 동기부여나 변화의 당위성을 제시하지 못할 수 있다.

삼현(三現: 현장, 현물, 현실)을 바탕으로 수립된 전략과 전술로써 사원들과 함께 공감대가 형성되어야 함에도 불구하고 구체적이지 못하거나 두루뭉술한 실행계획으로 그저 막연하게만 느껴진다면 사원들은 전과 동일하게 업무를 수행할 수밖에 없을 것이다. 이러한 현상은 사업전략의 이해와 동기부여가 미흡해서 그런 것이다.

셋째, 전략을 수립하는 과정에서 과감한 리스트럭처링과 리엔지니어링

이 필요한 상태라면 현재까지 수행해 왔던 전략과 경영환경을 되돌아보고 나름 꼼꼼하고 상세하게 문제점 분석과 더불어 개선계획이 제시되어야 할 것이다. 리스트럭처링과 리엔지니어링이 말같이 쉽지 않기 때문에 오히려 조직의 리더들 입장에서 사업전략의 적극적인 동참과 어려운 환경극복 의지를 상실하게 만들기 쉽다. 그리고 이로 인하여 생각하지도 못한 갈등만 남게 될 수도 있다.

　사업전략이 효과적으로 실행되기 위해서는 전사적 차원에서 각 조직 단위 사업전략이 서로 연계성이 유지되어야 하기 때문에 조직 단위 꼼꼼한 실행계획이 뒤따라야 한다. 오래전 방침관리 노트 작성을 통하여 월도별 여러 가지 업무 성과를 꼼꼼히 수작업으로 기록하고 관리한 적이 있었다. 본인과 초급 관리자들은 이를 통해서 목표 대비 성과변화에 대하여 스스로 확인할 수 있었고, 개선계획을 스스로 세우고 되었던 기억이 난다. 지금 돌이켜 생각해 보면 회사는 이러한 방법을 통해서 본인뿐 아니라 조직과 회사가 더불어 발전하고 있음을 인지·유도하려 했었던 것은 아닐까 하는 생각이 든다.

사업전략을 제대로
수립하기 위하여

첫째, 매년 수립하는 1YP(1 year Plan) 사업전략과 목표는 단순히 목표치만 결정하는 데 그쳐서는 안 된다. 사업전략과 목표는 회사의 Vision과 장기 전략의 연결선상에서 수립되었음을 사원을 포함한 모든 관리자가 명확히 이해하고 있어야 한다.

또한, 목표를 향해 전략을 실행해 나가면서 그 방향을 지속적으로 유지하기 위하여 정기적으로 Review를 통하여 Action plan을 수정해야 하며, 그 내용에 대하여 각 조직 및 계층별 Communication meeting을 통하여 공감대를 형성하고 사업계획에서 본인의 역할과 책임을 이해할 수 있도록 해야 한다. 따라서 Kick off 미팅 및 사업계획 Review 미팅이 그저 형식적으로 실행하게 된다면 이는 그저 시간낭비일 뿐이고 차라리 안 하는 것보다 못한 결과를 초래할 수 있다. 또한, 급변하는 경영환경에 대해서 항상 민첩하게 정보를 수집하고 수집된 정보를 세밀하게 분석하여 대응전략을 수립하지 않는다면 마치 경영활동에 있어서 크나큰 오류를 범하게 되는 꼴이 될 것이다.

둘째, 누가 우리의 경쟁자인지 확인함으로써 사업전략을 통하여 경쟁자의 전략과 전술에 대응하여 경영진과 사원은 무엇(What)을 왜(Why)

어떻게 해야 할지(How to) 이해와 공감되어야 한다. 그렇기 때문에 모호한 단순 사업목표보다도 구체적 실행계획이 필요한 것이다.

우리가 깊은 밀림 속 모처에 굉장한 금맥을 발견했다고 치자. 굉장한 금맥을 발견했다는 사실만으로 충분한 동기부여가 되었다고 하기에는 너무 이르다. 왜냐하면, 깊은 밀림을 헤치고 금맥이 있는 곳까지 어떻게 이동할 것이며, 어떠한 방법으로 금을 캐내고 어떻게 운반할 것인지 또한 어떻게 제련하여 상품화할 것인지에 대하여 아무런 계획과 방법이 없다고 한다면 아무리 큰 금맥이라도 우리에게는 아무 소용이 없게 되는 것이다.

셋째, 회사의 위치와 자신이 서 있는 위치를 확인하고 점검하는 기회가 되어야 한다. 나와 회사의 상태를 내부, 외부 다각적 시각으로 살피고, 경쟁사와 치열하게 싸울 태세가 되어 있는지 확인해야 한다. 내가 서 있는 위치에서 앞을 가늠할 수 없는 밀림을 헤치고 금맥을 찾아 나설 수 있는 나침반과 이동 중 만날 수 있는 야생동물과 독충에 대한 대처방법, 그리고 금을 캐낼 수 있는 장비와 더불어 계획했던 운송이 제대로 작동할 수 있는지 확인하지 못했다면 다른 사람들이 우리보다 먼저 도착하여 그 금맥을 채굴하고 있을지도 모른다.

최근 급변하는 경영환경은 복잡하기 이루 말할 수 없다. 복잡하게 변화하여 위기로 다가오는 경영환경의 미로를 빠져나가기 위해 어떠한 전략을 수립할 것인가에 대하여 후지필름과 코닥필름의 사례가 많이 인용되곤 하였지만, 다시 한 번 확인해 보자.

오래전 사진필름 시장의 양대 산맥이었던 후지필름과 코닥필름.

코닥은 2012년 결국 파산을 선고했고, 만년 2등이었던 후지필름은 지금도 잘 나가고 있다. 두 기업의 명암을 가른 것은 고모리 시게타카 후지필름 회장의 철저한 품질경영과 리더십이라는 평가가 많다. 디지털 카메라가 출시됨에 따라 사진필름 시장이 위기를 맞았을 때 후지필름은 화장품 시장이라는 새로운 시장에 기존 보유하고 있던 기술을 적용하여 진출함으로써 기사회생하게 되었다. 사진필름의 원자재인 콜라겐이 노화방지 화장품 주재료가 될 수 있음을 주목하여 안티 에이징 화장품인 '아스타리프트'를 만들어 시장 내 큰 반향을 일으켰다. 이렇게 세계 최초로 디지털 카메라를 개발하고도 사진필름에 집착하는 바람에 파산했던 코닥과 달리 후지필름은 부활에 성공했던 것이다. 이러한 성공의 원인은 고모리 회장의 품질경영과 단호한 리더십이라고 판단된다.

콜라겐 추출

고모리 회장은 4분면(4粉面) 분석법을 통하여 후지필름의 변화 방향성을 정했다고 한다

See: 리더는 한정된 시간과 정보만으로도 현재의 상황을 파악하고 예측할 수 있어야 하며

Think: 향후 어떠한 방향으로 갈 것인지 무엇에 집중해야 할 것인지 전략을 수립해야 하며

Plan: 위기를 저돌적으로 헤쳐 나가기 위하여 경영자의 강한 의지를 조직 내 전파하고

Do: 입으로만 떠들지 않고 실행으로 옮기는 것이다.

이들 중에 가장 중요한 것은 'Think'이라고 하며 4분면 분석법을 소개했다. 아날로그 필름 시장 대신 육성할 잠재 시장을 찾기 위하여 어떠한 기술이 있는지 모두 나열하여 놓고 분석을 했으며 종이 위에 X축과 Y축을 그린 뒤 X축은 기존 시장과 신규 시장으로 구분하고 Y축은 기존 기술과 신규 기술로 구분하여 4분할하여 스스로 4가지 질문을 던졌다.

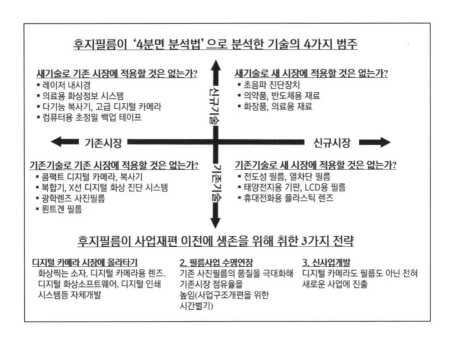

1) 기존 기술(Existing Technology) 중 기존 시장(Existing market)에 적용 안 한 것은 없는가?

2) 새로운 기술(New technology)로 기존 시장(Existing Market)에 적용할 것은 없는가?

3) 기존 기술(Existing Technology)로 새 시장(New Market)에 적용할 것은 없는가?

4) 새 기술(New technology)로 새 시장(New Market)에 적용할 것은 없는가?

이러한 방법으로 전략이 구성되면 나아가려는 방향에 이미 존재하고 있는 사고의 한계, 조직의 한계, 관행의 한계, 경쟁의 한계, 산업의 한계, 기술의 한계를 과감히 돌파(Breakthrough)하여 한계를 이겨내고 나갈 수 있는 것이다. 그리고 이러한 존재하고 있는 한계를 극복하지 않고서는 미궁을 빠져나갈 수 없다고 한다면, 당신은 어떠한 길을 선택하겠는가?

성공적인 전략을 수립하기 위한 여러 가지 프로세스와 다양한 분석 Tool, 그리고 각광받고 있는 Blue Ocean 전략과 Design thinking과 같은 새로운 접근 방법도 있지만, 우리가 간과해서 안 될 것은 후지필름과 같은 품질경영과 강한 리더십일 것이다. 따라서 기업에서 기본적으로 관심을 가져야 할 품질경영과 구체적 실행안을 바탕으로 개념을 정리해 보려고 한다.

전략이 잘 실행되지 않는
이유는 무엇일까?

수많은 경영전략은 성공하지 못하고 흐지부지 용두사미가 되어 버리곤 하는 이유는 무엇일까?

하버드 경영대학원 마이클 포터 교수는 많은 기업이 최적의 사업전략을 수립하기 위하여 많은 노력도 하고, 정평이 나 있는 최고의 컨설팅 회사를 통해 컨설팅을 받아 보기도 하지만 그렇게 많은 노력을 쏟아부어 수립한 사업전략일지라도 실제로 성공하기 매우 어렵다고 했다.

오래전 『포천(Fortune)』지에서 500대 기업의 사업전략의 성공률을 조사해 보았더니 겨우 25% 정도의 성공률을 보이더라는 것이다. 또한, 맥킨지에서도 2006년 세계 최고의 기업 CEO를 대상으로 비슷한 조사를 했는데 사업전략 실패확률은 60%가 넘었다고 응답했다고 한다. 이것을 보면 아무리 최고의 선두기업이라 할지라도 사업전략을 최초 목표한 것과 같이 성공적으로 달성하기는 쉽지 않다는 것을 방증하고 있는 것이다.

또한, 전략을 수행해야 하는 사원들에게도 왜 전략이 잘 실행되지 않는 것인지 직접 질문을 해 보았더니 아래와 같이 응답이 주류를 이루었다고 한다.

- 회사가 어떠한 방향으로 전략을 수립하였는지 이해가 안 되었다.
- 전략을 중심으로 관련 부서 간에 서로 이기적인 자세로 협업하지 못했다.
- 3현(현장, 현물, 현실)의 상황이 전략수립 시 반영되지 못하였다.
- 전략실행 관리(프로세스 및 진척도)가 효과적으로 되질 않았다.
- 실행해 왔던 전략수행의 문제점을 타파하기 위한 개선활동이 전혀 이루어지지 않았다.

일반적으로 전략을 수행하기 위하여 전략을 수행하는 주체(회사, 부서, 개인)가 있기 마련인데 회사라는 조직을 보면 각 부문을 기능과 역할에 따라 구분되어 있기 때문에 나누어진 조직의 특성과 숫자만큼 전략 수행과제가 존재할 수밖에 없다.

또한, 아래와 같이 전략을 수행하면서 다양한 문제가 있을 수 있다.

"조직원 간의 협업 및 커뮤니케이션이 잘 이루어지지 않고 있다."

"지시를 하여도 조직원들이 유기적으로 빠르게 행동으로 옮기지 않는다."

"윗사람들은 도대체 무슨 생각을 하고 있는지 잘 모르겠다."

그러므로 전략수행에 앞서 이러한 조직의 문제를 해결해 나가야 하는 것이 어찌 보면 전략수행보다 더 중요한 이슈가 아닐 수가 없다.

그렇다면 과연 전략이란 것이 필요한 것인가?

많은 회사가 매년 많은 경비를 지출하면서까지 Kick off 미팅, 전략 공청회 등 다양한 방법으로 지난해 Review와 더불어 혁신전략과 슬로건을 제시하지만, 전략 발표 자리에서 일어나는 순간부터 무엇을 하자고 한 것인지 기억조차 나지도 않는 경우가 많다. 혹시 전략수행의 의지를 갖고 있다고 하더라도 초기 몇 달 동안은 적극적으로 참여하는 듯하지만, 용두사미 꼴이 되어 흐지부지되어 버리기 일쑤인데도 전략은 필요한 것일까?

우리는 전략이라는 명분하에 직속 상사로부터 여러 가지 다양한 업무나 Project, TFT 등으로 힘든 일을 강요당해 본 경험들이 있을 것이다. 하지만 좋게 생각해서 회사가 어떠한 새로운 서비스와 상품을 새롭게 추진하거나 시장 침투율을 향상시키기 위하여 또는 더 높은 목표를 달성하기 위하여 세우는 작전 같은 것이라고 이해하면 좋을 것 같다.

그리고 작전을 수립하기 위해 시장과 사회는 어떠한 형태로 변하는지 또는 경쟁사가 지금 어떠한 상품과 서비스를 계획하고 있는지 그리고 회사 밖의 경영환경은 어떻게 변화하는지와 우리 회사는 어떠한 환경에 놓여 있는지 알아보는 것이 매우 중요하다. 즉, 경쟁사와 고객을 알고 우리 회사를 아는 것 그리고 회사가 생산성을 배가하며 효과적으로 변화해 나가기 위하여 어떠한 도전 목표를 정하고 어떻게 역할을 배분하고 조율할 것인지가 전략의 중요한 부분인 것이다.

최근 TV에서 방영하고 있는 『뭉쳐야 찬다』라는 프로그램을 통해서 축구와 다른 종목인 체조, 야구, 농구, 배구, 수영 등 각종 엘리트 선수들에게 축구의 기술과 전술을 가르치고 성장하는 모습을 보여 주고 있다. 이 프로그램에서 팀의 감독은 체력 훈련과 더불어 선수 간의 경쟁을 통하여 팀을 강하게 만들고, 경기에 앞서 라이벌 팀을 분석하거나 자기 팀의 약점과 강점을 파악하여 때로는 수비형 또는 공격형으로 조직을 유기적으로 변화할 수 있도록 다양한 훈련을 시키는 것을 볼 수 있다. 또한, 경기 중에 큰 소리로 선수들에게 지시하는 것도, 이 역시 전술일 수 있겠지만, 무엇보다 중요한 팀의 목표를 정하고 또한 목표를 향해 선수들의 포지션과 역할을 부여하는 것이다. 이러한 일련의 과정이 전략이고 전술인 것이다.

전략수행을 통하여 회사의 경영실적이 향상되고 목표를 달성하고 있다면 새로운 전략은 앞으로 필요 없다고 생각하기 쉽다. 이러한 경우는 전략수립부서 또는 담당자가 왜 그 전략이 필요한 것인지에 대하여 조직원들에게 충분하게 전달 및 이해시키지 못하면 그런 일이 발생할 수 있다. 예를 들어 경영진 입장에서 조직원들이 위기감을 공감하지 못하고 있다고 생각하고, 반대로 조직원 입장에서 경영진들은 고객의 니즈를 이해하지 못한다고 생각할 수 있다. 이러한 상태에서 경영진이 직감적으로 전략을 제시하는 경우가 있는데, 그렇게 되면 전략을 수립하는 사람들과 실행하는 조직원들 사이에 깊은 틈이 생겨버리게 될 수밖에 없게 되는 것이다.

가끔 전략실행이 계획대로 제대로 되지 않는다고 화를 내는 상사가 있는데, 이럴 경우 상사에게도 문제가 있을 수 있다. 사실 조직원 모두가 바빠서 전략수행이 더디어지거나 애초에 어째서 그러한 전략을 왜 수행해야 하는지 이유를 모르는 사람도 많이 있을 수 있기 때문이다. 따라서 전략이 왜 필요한지 그리고 일상업무와 새로운 업무 중에서 어느 것이 우선해야 하는지 상사가 제대로 전달하지 못하거나 알려주지 못하였기 때문일 수가 있다.

이와 같이 전략에 대한 올바른 이해가 없다면 장기적으로 지속성장 가능한 조직이 될 수 없다.

그리고 조직의 전략에 대한 올바른 이해가 없이 그저 단순하게 매일 하던 일만 열심히 한다고 하면 조직의 매력은 점차 없어져 버릴 것이다.

그렇다면 왜 전략은 실행하기 어려운 것일까?

개인의 노력만으로는 팀의 성과를 얻을 수 없는 것일까?

각각의 모든 사원은 매우 열심히 하는 것처럼 보이지만 회사 전체로 보면 실적이 늘지 않고 있다. 많은 사람은 조직의 전략에 대하여 확실히 이해하지 못하고 있다고 하면서 그 조직의 전략을 바탕으로 본인의 일상업무와 역할은 잘 이해하고 있다고 한다. 이는 기본적인 일상업무에 대한 이해는 가지만 회사의 전략이라는 큰 그림과 연계하여 본인의 업무가 어떻게 기여하고 있는지 잘 모르는 경우라고 말할 수 있겠다.

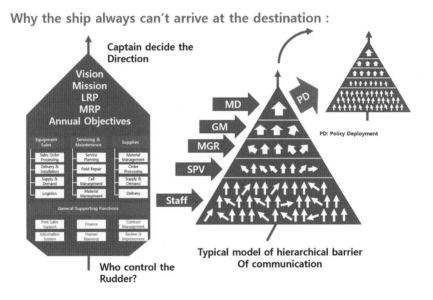

따라서 전략 변경에 따라 업무방식이 바뀌어야 하지만 본래의 본인이 하던 일의 방식을 그대로 유지하게 되면 결국 조직원 각각이 수행하는 업무는 방향성이 분산되어 결과적으로 전략수행이 제대로 이루어지지 않게 될 뿐 아니라 경영성과도 좋지 않은 결과를 초래하게 되는 것은 당연한 한 결과일 수 있다. 즉, 조직을 구성하고 있는 개개인의 노력이 조직의 전략 방향과 일치하지 않으면 조직은 큰 힘을 발휘할 수 없는 것을 의미하며, 개인의 힘을 팀의 힘으로 만들려면 조직을 구성하고 있는 조

직원 및 각 부서가 모두 같은 방향으로 향하고 있는 것이 매우 중요하다. 그래서 전략이 필요한 것인데, 전략이 조직의 활동에 녹아있지 않으면 아무리 열심히 해도 가시적인 전략의 성과를 보일 수 없게 된다. 원래 전략이란 조직원 모두가 효율적으로 효과를 나타낼 수 있게 구성되어야 한다. 해야 할 일과 하지 않아도 될 일을 명확히 나누고 방향성을 정확하게 집중시킴으로써 최대한의 성과를 가시적으로 거두기 위한 작전이 바로 전략인 것이다.

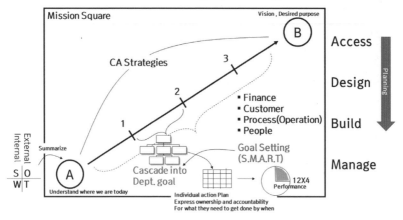

Overview of strategic planning

획기적인 전략보다
확실한 실행력이 승부의 열쇠?

전략이 타이밍 있게 효과적으로 전개되는 것도 중요하지만, 더욱 중요한 것은 전략과 실행은 한 패키지이며 전략 따로, 실행 따로 생각할 수 없다는 것이다. 비즈니스 세계에서 기초 상식인 4P(Product, Price, Place, Promotion)라는 마케팅 전략은 전략을 구축하고 전개하는 방법을 잘 몰랐던 오래전에는 4P의 관점으로 생각하는 것만으로도 경쟁회사와 차별화할 수 있었다. 하지만 지금은 경쟁사를 포함한 많은 회사가 4P뿐 아니라 다양한 전략수립 Tool을 활용하고 있기 때문에 웬만한 전략으로 차별화하기는 너무 어려운 것이 사실이다. 특히 동종 업계라면 나름 독창적이고 차별화된 전략을 지속적으로 개발한다는 것은 거의 불가능한 일이다. IBM을 재건한 루이스 거스너는 메인프레임과 PC 주도의 비즈니스에서 소프트웨어와 서비스 강화를 통한 솔루션 비즈니스로 전환했다. IBM을 재건했다는 사실이 널리 많이 알려지면서 뒤이어 다른 업종의 많은 회사도 판매 중심에서 솔루션 비즈니스로 전략을 전환했다. 이와 같이 처음에는 독자적인 전략이라고 할지 몰라도 곧바로 경쟁사가 모방한다. 기업이 세울 수 있는 전략은 세 가지 유형으로 정리할 수 있다. 하나는 현재 수준의 품질의 서비스와 제품을 넓게 제공하는 유형, 그리고 고객의 니즈에 맞추어 고객 맞춤형 서비스와 제품을 공급하는 유형, 그리고 최신의 기술을 바탕으로 획기적인 서비스와 제품을 제공하는 유형이다.

어느 업계든지 대개 이 세 가지 유형의 전략에서 크게 벗어나지 못하며, 나머지는 조합과 조정을 을 통해 전략을 수립하는 경우가 대부분이다. 따라서 이제는 모든 회사가 전략 구축에 대하여 잘 알게 되어 전략이 평준화가 되었다고 말할 수 있게 되었다. 전략이 중요하다고는 하지만 요즘은 전략을 통하여 기대했던 만큼 실적 차이를 만들기 어렵기 때문에 실행력으로 차별화하지 않으면 우위에 설 수 없게 된 것이다.

대부분 회사의 조직원들은
변화를 싫어한다

전략은 원래 잘 실행되지 않는다?

어떻게 하면 조직의 실행력을 강화할 수 있을까? 우리들은 회사에서 수립한 전략이 실제로 끝까지 확실하게 실행되지 않는 경우를 자주 경험하였다. 사람들은 대체로 변화를 싫어하고, 그동안 해왔던 방식대로 일하고 싶어 하기 때문이다. 전략이라는 것은 지금까지 일괄적으로 해왔던 방식을 대폭으로 바꾸거나 진행 스피드를 가속화시키기 위한 것이라는 선입감 때문에 많은 사람이 전략이라는 단어만 듣는 것도 부담스럽게 생각한다. 해 본 경험이 없는 것에 대하여 불안해하는 것은 약간은 이해할 수 있지만, 실제 여러 가지 변명과 이유를 들어서 하지 않으려는 사람들도 일부분 나타나기도 한다. 그렇기 때문에 현장 사람들에게 실행을 독려하기 위하여 단순하게 정보로서 전략을 전달하는 것뿐 아니라 '좋아 해보자!'라는 마음가짐이 생기게 만들어야 하는 것이 중요하다. 즉 머리로만 이해하는 것뿐 아니라 실행하고자 하는 마음가짐이 생기도록 동기부여 하는 것이 매우 중요한데, 실제로 많은 사람이 쉽게 동기부여가 안 되고 있는 것도 현실이다.

이뿐만 아니라 그 전략이 효과적인지 아닌지 아무리 생각해도 이해 안 가는 부분이 많이 있기 때문에 어쩔 수 없이 직위와 권한을 이용해서 강제적으로 실행하게 하는 경우가 종종 있다. '해 보지도 않고 이야기하지 말고 일단 해 보세요!'라고 하며 조직원들이 싫든 좋든 따지지 않고 즉시 전략을 수행하도록 밀어붙이는 경우가 대다수일 것이다. 하지만 이러한 방법으로는 아쉽게도 전략수행을 오래 유지할 수 없다. 강제실행보다 실제로 조직원들이 전략의 방향성을 이해하고 자발적으로 전략을 실행하도록 하는 것이 중요한 것이다. 즉, 전략을 수행하는 당사자인 조직원들이 느끼고 자발적 동기부여가 되어야 한다는 것이다. 예를 들어 전략을 실행함으로써 본인 또는 부서의 생산성이 개선되거나 상사에게 칭찬을 받거나 하여 작은 성공을 경험할 수 있다면 더욱 효과적으로 전략수행에 몰입하게 될 것이다. 따라서 관리자 입장에서 이러한 일에 대한 역할과 지원이 매우 중요하다. 특히, 새로운 전략은 회사에서 아직 아무도 해 보지 않은 것이므로 조직원들도 그게 좋을지 어떨지는 모른다. 하지만 실제로 해 보고 성공의 가능성을 본다면 자발적으로 실행하려고 하는 마음이 들게 될 것이다. 다시 말해서 단순히 말하고 시켜 보는 것만으로는 안 되고 전략을 실행하기 위하여 다양한 접근 방법이 필요하다는 것이다.

처음부터 전략을 이해하고 행동할 수 있다면 무엇보다 가장 좋겠지만, 기업의 전략실행에는 스피드가 무엇보다 중요하다. 그렇기 때문에 회사는 성과 목표관리와 진도관리를 강제적으로 실행하는 방법을 취할 수밖에 없는 것이다.

하지만 그 방법만으로 끝까지 전략실행이 되지 않는 경우가 많으므로 조직원들을 확실하게 전략을 이해시키고, 전략수행을 자발적으로 수행할 수 있도록 동기부여가 필요한 것이다. 그리고 전략실행 전후 차이에 대하여 서로 대화하는 형식의 접근 방법도 필요하다.

전략실행의 문제점?

앞서 이야기한 것처럼 강제실행과 이해 및 동기부여 시키는 두 가지 접근 방법과 더불어 걸림돌을 제거하는 것이 전략을 실행할 때 매우 중요하다. 특히, 걸림돌 중 하나는 그만둬야 할 것을 그만두지 못한다는 것이다. 즉 회사의 전략은 전략수행 Time frame이 종료되는 시기에 그 전략을 확실하게 평가해야 한다. 만일 전략이 효과가 없었다면 더 이상 지속하지 않고 실행 종료하거나 개선계획을 다시 세울 것인지 결정하고 난 후에 조직원들에게 새로운 전략을 전달해야 할 것이다. 돌이켜 보면 회사에서 '이거 해라 저거 해라.' 하는 말을 자주 듣는데 '이건 이제 하지 않아도 돼.'라는 말은 많이 들어 보지 못했을 것이다. 이 부분도 명확하게 선을 그어 전달하지 않으면 어떤 부서는 지속적으로 실행을 함으로써 불합리하게 자원을 낭비하게 될 것이다. 따라서 '평소의 업무량도 많은데 새로운 전략을 부가하게 되면 도대체 누가 하지?'라는 생각이 드는 것은 당연하다. 결과적으로 현상의 사람들은 이것도 하고 저것도 해야 하는 상태가 많아질수록 전략을 실행하는 걸림돌이 늘어나게 되는 것이다. 따라서 해야 할 일과 하지 않아도 될 일을 판단하는 것이 중요하기 때문에 주기적으로 조직원의 역할과 책임에 대하여 새롭게 개편할 필요가 있는 것이다.

그런데 현실에서는 이런 것들을 판단하기가 아주 어렵다. 전략의 성패는 회사 경영진의 책임도 있지만, 현장의 부서장 책임도 있다. 원래 처음부터 성공이 보장되는 전략은 없다. 예를 들어 같은 전략이라고 해도 A사와 B사의 업무 환경과 문화 그리고 직원의 능력도 다르고, 실행 타이밍에 따라 결과도 바뀌게 된다. 전략은 가설이므로 실제로 실행해 보지 않으면 그 효과는 아무도 장담할 수 없다. 그렇기 때문에 전략은 언제든지 그만두거나 변경할 필요가 발생할 수도 있는 것이다.

부서장들에게 전략실행 도중 전략의 변경에 대하여 설문 조사하였더니 70% 이상이 전략 변경이 필요하다고 답했으며, 그 이유로는 '좀처럼 계획한 대로 전략수행을 하기 어렵거나 기대한 효과가 나타나지 않는 것이 현실이기 때문이다.'라고 대답했다.

전략을 왜 변경하는가에 대하여 부서장이 설명할 수 없다?
전략실행 계획을 수정하는 것이 부서장의 역할이지만 사실 실행계획을 수정한다는 것은 어려운 문제이다. 왜냐하면. 부서장이 전략 변경의 이유에 대하여 조직원들에게 설명 및 이해시키기 어렵기 때문이다.

전략 발표 후 처음에는 새로운 전략에 대해서 설명하면 조직원들도 잘 받아들이고 이해하려고 하지만, 도중에 전략이 변경되면 조직원들은 '왜?'라는 의문을 갖게 된다. 그러면 부서장은 전략을 변경하는 이유를 설명해야 하는데, 나름대로 논리적으로 조직원들에게 이해시키기 어렵다면 전략 변경 설명이 거의 불가능하다고 할 수 있다. 그렇게 되면 회사가 세운 전략이니까 묻지 말고 일단 해 보라는 식으로 약간은 강압적인 실행을 요구하게 되는 난처한 일이 발생하기도 한다. 조직원들에게 회사의 전략을 얼마나 이해하고 있는지 조사해 보았더니 새로운 전략이 나온 시점에서는 많은 조직원이 자신들이 처한 내부 및 외부 상황을 바탕으로 구체적으로 앞으로 무엇을 해야 하는가를 잘 이해하고 있었지만, 다양한 선택지 중에 왜 이 전략을 선택했는지의 근거와 이유에 대하여 약 절반밖에 이해하지 못했다. 즉 What과 How는 설명했는데 Why는 설명하지 않은 것이다. 부서장의 전략검토 방법으로 회사에서 내려온 방향성을 바탕으로 부서장이 구체적으로 전략을 세우게 되는데 이때 애매한 경우가 많다. 예를 들자면 S.W.O.T 분석은 전략을 수립하기 잘 알려진 Tool이긴 하지만 많은 부서장은 단순 S.W.O.T의 정리만 하는 경우가 많은데, SWOT 분석을 통하여 감각적으로 전략을 도출하는 경우가 많이 있다. 그렇게 되면 전략의 근거가 불분명해지게 되는 것이다.

SWOT 분석 Template

외부환경 \ 내부환경	강점(S)	약점(W)
기회(O)	SO전략	WO전략
위협(T)	ST전략	WT전략

시사점
전략과제

한국 후지제록스 우에노 사장이 Kick off meting에서 'Why'에 대하여 설명하고 있다.

　부서장들은 조직원들에게 전략을 설명하고 실행하도록 하는 입장이기 때문에 왜(Why) 그 전략을 선택했는가를 반드시 이해하고 설명할 수 있어야 한다. 그리고 Why에 대한 생각과 이해를 하였다면 그다음으로 전략을 수행하였을 때 과연 고객이나 경쟁사가 어떻게 반응할 것인가에 대해 시뮬레이션을 해 봄으로써 부서장들이 전략실행이 잘 안 되는 경우에 잘못된 부분을 빠르게 알아낼 수 있고, 조직원들에게도 설명할 수 있게 되는 것이다. '그냥 일단 무조건 해 보자'가 아니고 '왜 이 전략이어야만 하는가?' 그리고 '이 전략을 실행함으로써 어떠한 결과가 나타나는가'를 부서장 입장에서 심도 있게 검토해야만 하는 것이다. 그렇지 않으면 도중에 전략이 바뀌게 되는 경우 조직원들에게도 확실하게 설명을 할 수 없을뿐더러 혼선만 줄 수 있기 때문이다

다른 부서와 협력하고 싶어도
조직의 벽이 방해가 된다?

전략수행하기 위한 또 하나의 벽은 바로 조직 간의 관계이다. 이는 많은 현장의 부서장들이 어려움을 겪고 있는 문제로써 조직의 벽이라고도 볼 수 있다. 일반적인 반복업무 경우에는 한 조직이 전과 같이 문제없이 수행할 수 있겠지만, 대개의 경우 회사전략은 아주 광범위하고 부서 간 복잡하게 연결되어 있기 때문에 담당 부서 또는 담당자 혼자의 힘만으로 좀처럼 실행하기 어려운 경우가 많다. 이럴 경우, 회사 내 여러 부문과의 협력이 필요하지만, 실제로 그러한 협업이 잘 이루어지고 있지 않다는 것이 문제이다.

부서장과 조직원들에게 전략실행의 문제점에 대하여 설문한 결과 조직원들은 '다른 부문 및 협력사와의 협업 부족'이라는 의견이 많이 있었지만, 부서장들에서 그런 의견은 거의 나오지 않았다고 한다. 즉 조직원들은 타 부서와 협업이 잘되지 않는 것처럼 생각하지만, 부서장은 서로 협업되고 있다고 생각하고 있다는 것이다.

즉, 다른 조직과 협업이 필요할 경우 그리고 각각의 실무자들이 서로 조정할 수 있는 문제라면 문제가 없겠으나 통상적으로 부서장이 조정자 역할을 하게 되는데, 다른 조직과의 연계 시 조직원들 사이에서 부서장이 올바르게 조정해 주지 않아서 전략을 원만하게 수행할 수 없거나 부서 간의 의견대립 및 갈등으로 번지는 경우가 종종 있기도 하다. 따라서 새로운 전략을 실행할 때는 지금까지 와는 다른 부서와의 연계활동이 필요한 경우가 생기는데, 이때 부서장의 약한 업무 연계조정 능력은 회사나 조직원들에게 오히려 전략실행의 걸림돌로도 작용한다고 할 수 있다.

이해 대립이
조직의 벽을 만든다

부서장이 연계 구축능력을 키우기 위해서 단순하지만 먼저 행동해야 옮기는 것이 좋은데 평소에 유대 관계가 형성되지 않은 상대에게 아무리 업무적인 내용이라 할지라도 좀처럼 부탁하기 쉽지 않기 마련이다. 상대가 나의 협업 요청을 안 들어줄 것 같아서 불안해지기 시작하고, 그런 불안이 행동력 저하로 이어질 수 있다. 하지만 상대가 이야기를 들어줄지 말지에 대하여 그렇게 불안해하지 않아도 된다. 여기 재미있는 조사 결과가 있다. 콜롬비아 대학의 연구팀이 일면식이 없는 다른 사람이 나의 부탁을 어느 정도 들어줄 것인지를 아래 세 가지 조건으로 제시하고 조사했다고 한다.

1) 설문조사에 대한 응답 요청
2) 휴대폰을 빌려서 사용하는 것
3) 서리가 떨어진 목적지까지 데려다주는 것

이 세 가지 부탁에 대하여 1번 항목은 5명, 2번 항목은 3명, 3번 항목은 1명이 부탁을 들어줄 때까지 최소 몇 명의 사람에게 부탁을 해야 하는지 조사를 했다. 실제 조사를 해 보니 1번 항목은 10명, 2번 항목은 6.2명, 3번 항목은 2.3명이라는 결과를 얻었다고 한다. 물론 나라마다 문화가 달라서 같은 조사를 하게 되면 다른 결과를 얻을지 모르겠지만, 아마도 처음 예측한 것보다 그 결과는 낮을 것이다. 중요한 것은 너무 걱정하지 말고 먼저 행동으로 옮기는 것이다. 다만, 다른 부문과 협력해야 할 경우 주의해야 할 상황이 있는데, 비록 같은 회사라고 하더라도 영업부문과 기술부문 혹은 영업부문과 생산부문 등 그 기능이 달라지면 업무나 평가의 우선순위가 달라지기 때문에 이처럼 기능이 다른 부문 간의 연계가 필요한 경우 이해 대립이 될 수도 있다. 그렇기 때문에 이해대립을 어떻게 잘 풀어나갈 수 있느냐가 부서장의 연계구축 능력인 것이다.

따라서 전략 수행을 원활하게 진행하기 위하여 조직 간의 이해 대립을 잘 풀어나갈 수 있는 연계능력이 우수한 부서장이 필요하다. 연계구축 능력이 높은 부서장은 과연 어떤 부서장인가? 이것을 조사하기 위해서 회사 내 우수한 성과를 올리고 있는 부서장의 특징을 조사하였다. 여기서 주목해야 할 부분은 성과가 우수한 부서장의 유형이 있는데, '다른 조직과 연계 및 협업을 통하여 성과를 올리는 부서장'과 '오로지 자기조직의 능력으로만 성과를 올리고 있는 부서장'이 있다. 하지만 그 둘 사이에는 큰 차이가 있다는 것이다. 즉, 다른 부서의 부탁을 적극적으로 들어주고 모든 관계자 간에 서로 Win-Win 할 수 있는 방법을 찾아내고 생각하는 것이 연계형 부서장의 특징이었으며, 간단히 말하자면 자기 부문의 이익뿐 아니라 연계하는 상대 부문의 상황과 어려운 부분도 고려하는 부서장인 것이다.

어떻게 하면 전략을
잘 실행할 수 있을까?

전략수립 후 전략을 제대로 실행하고 있는 기업은 적다. 회사의 경영진이 결정한 전략이 잘 실행되지 않은 사례를 확인해 보면 두 가지 부류로 나눌 수 있다. 그 첫 번째는 조직원들에게 시켜도 아무 일도 하지 않는 경우와 오직 시키는 대로만 하는 두 경우로 나뉜다. 예를 들어 매출을 늘리기 위하여 새로운 상품을 계속해서 출시해야 한다고 하는 부류와 실제로 새로운 상품이 나오면 '이런 상품은 시장에 먹히지 않아! 도대체 시장에서 필요한 상품이 무엇인지 고객의 니즈를 모르는군.'이라고 불평만 하는 부류도 있다. 프린터나 복합기 경우 기존 제품보다 인쇄 속도가 빨라지거나 컬러 표현능력이 얼마나 개선되었는지 쉽게 알 수 있다. 시장에서도 개선된 성능을 고객들이 선호한다면 잘 판매할 수 있겠지만, 실제로 성능의 차이가 아주 크게 발생하는 경우는 드물기 때문에 전략적인 신상품을 팔기 위해서는 지금까지와 다른 특화된 시장을 타깃으로 하거나 서비스에 새로운 가치를 부여해야 한다.

이러한 경우 새로운 시장을 연구하거나 고객을 새롭게 개척하는 등 지금까지와는 다른 노력이 더 필요하게 된다. 하지만 자신의 노력 부족이나 변화에 대한 막연한 불안 때문에 활동이 위축되어 버린다면 그동안 신제품에 투자한 시간과 비용이 헛되게 되어 회사에 주는 타격이 심하게 될 것이다. 즉, 전략이 제대로 실행되지 않음으로써 새로운 시장 개척과 고객 개발 가능성도 잃어버리게 되는 꼴이 되어 버리는 것이다. 전략 자체가 나쁜 거라면 어쩔 수 없겠지만, 전략이 좋았는지 또는 좋지 않았는지 그리고 전략이 제대로 실행되었는지조차 모르는 경우도 있다. 그냥 매출만 늘면 되고 전체 이익으로만 영업 관리하는 회사가 많은데, 이런 회사에는 현장에서 전략이 어떻게 실행되고 그 전략이 어떠한 성과를 올렸는지 추적하고 조사할 방법이 없다. 그러므로 실제로 아무 전략적 실행을 하지 않아서 모르는 경우와 조직원들이 전략을 실행하지 않고 감추거나 정당화하기 위하여 정보를 조작하는 경우도 있다. 예를 들어 어떤 고객에게 '이번 신제품은 영 아니네.'라는 평을 들었을 때 마치 그것을 시장 전체의 의견인 양 말하는 경우가 있다. 그래서 회사가 많은 시장정보를 가지고 있진 않으면 이러한 보고를 어쩔 수 없이 참조할 수밖에 없게 되는 것이다. 그 결과 잘못된 정보나 편중된 정보로 인해 큰 성공 가능성이 있는 전략을 잃어버리게 될 수 있는 것이다.

실행하지 않는 것도 실패이다. 전략의 실패는 조직원들에게 '우리 회사는 늘 이런 식이야.'라는 패배의식이 생기게 하거나 고객으로부터 안 좋은 회사라고 인식될 수 있게 만들 수 있으며, 회사의 브랜드 파워가 떨어지는 요인으로 작용되어 큰 손해로 이어질 수 있는 것이다.

대부분의 회사가 전략 실행을
제대로 하고 있지 않다

그래도 많은 기업이 나름대로 실적을 올리고 유지되는 것은 전략이 실행되지 못하더라도 고도로 분업화되어 있기 때문이다. 일반적으로 회사 내 조직원들은 눈앞의 일에 최선을 다하려 한다. 물론 본인의 실적 달성을 통하여 급여 인상이나 승진을 위한 것도 있겠지만, 조직원들은 고객이나 자기 조직을 위하여 지금보다 더 좋은 성과를 만들고 싶어 한다. 이것이 큰 기업의 경우 큰 전략이 없어도 어느 정도 사업활동을 계속할 수 있는 이유인 것이다

여기에서 전략의 본질을 정리해 보자. 전략이란 무엇인가? 조직원들이 의식하고 목표를 가지고 수행해야 하는 것이 전략의 본질이다. 회사 조직이든, 개인이든 평소의 반복적인 활동은 누구든 의식하지 않고도 실행할 수 있지만, 그 외의 활동은 의식해서 활동하지 않으면 좀처럼 실행할 수 없는 것이다. 새로운 싱품을 발표할 때나 새로운 시장을 개척하는 경우에는 정책을 생각하고 프로모션을 진행하는 등 평소에 하는 일과 다른 시도를 한다. 이와 같이 조직 단위에서 평소와는 달리 목표 달성을 위하여 무엇인가를 하는 것이 전략이다.

시장이나 경쟁사 등 외부 환경이 계속해서 바뀌므로 계속 같은 일만

해서는 안 되는 것은 당연하며, 기업이 그러한 변화에 맞춰서 발전하기 위해서는 조직적으로 성장시켜 나갈 필요가 있다. 이를 위해서는 전략이 필요한 것이다.

전략실행이 안 되는 첫 번째 요인은
현장 조직원의 이해 부족이다?

회사에서 새로운 사업계획 설정되면 각 조직의 관리자들이 모여서 부문의 목표를 달성하기 위한 세부 실행계획에 대하여 협의한다.
각 조직의 실행계획이 서로 방향성 부분에서 일치되는 것이 중요하다.

구체적으로 설정된 실행계획이 현장에서 어떻게 전개될 것인지 팀장이 사원들에게 설명하고 있다. 그리고 팀원들과 Catch ball를 통해서 이해도를 높인다.
이 단계에서 팀원들은 구체적으로 본인의 Mission과 목표를 인지하게 된다.

　다들 전략의 중요성은 알면서도 어떠한 큰 기업에서는 좀처럼 실행하지 못하는 경우가 있다. 사람들이 전략에 대한 이해 부족이 첫 번째라고 생각한다. 따라서 조직원 모두가 전략의 기본적인 구조를 보면서 전략을 이해해야 하고, 이해한 것을 스스로 실행으로 옮겨야 한다. 그리고 실행한 것을 정착시켜야 한다. 이러한 단계를 거치면서 전략을 끝까지 수행할 수 있는 것인데 이 중에서 가장 중요한 것은 조직원 스스로 하고자 하는 마음이 생기게 하는 것이다. 즉, 스스로 하고자 하는 마음이 올바른 전략의 이해를 바탕으로 이루어진 것인가가 중요하다. 어느 기업의 영업소별 전략 이해의 정도를 조사하여 보았더니 어느 영업소든 결과는 제각각인데 전략을 충분히 이해하지 못해도 스스로 알아서 실행하고 있다는 사람이 많다는 것이다. 전략을 정확하게 이해하고 있다고 대답한 사람들에게 당신이 의도적으로 의식해서 실행하고 있는 전략은 어떤 것인가를 질문해 보았더니 제각각의 답변이 있었다. 회사에 훌륭한 전략이 존재하였지만, 아쉬운 점은 전략을 모두 이해하지 못하여 자기가 수행하는 전략을 표현할 수 없었던 것이다.

전략의 올바른 이해를 위해서
어떠한 방법이 있는지 생각해 보자

사업전략을 같은 장소, 같은 시간에 똑같이 들어도 사람마다 각각 다르게 이해하고 오해를 하는 경우도 많았다. 부서장 입장에서 조직원들이 자발적으로 전략을 이해하기를 기대하는 건 너무 어렵다. 그래서 중요한 것이 커뮤니케이션의 방법이다. 대부분의 상사는 말로만 이해시키는 방법으로 조직원들과 커뮤니케이션을 하려고 하는데, 이러한 일방적인 커뮤니케이션에서는 조직원 스스로 생각할 수 없게 만들게 된다. 즉, 조직원들이 스스로 전략을 생각하고 보다 효과적으로 이해하기를 유도하기 위해서 다양화된 커뮤니케이션을 하는 것이 중요하다. 구체적으로 말하자면 단순히 말하는 것뿐만 아니라 전략과 관련된 자료를 보여주고 의견을 나눈다거나 직접 발표를 하게 하여 자극을 주고 조직원 스스로 생각을 정립할 수 있게 기회를 주는 것이다. 누구나 그런 경험이 있을 테지만 생각하게 만드는 커뮤니케이션이 그 첫 번째 포인트라고 하면 두 번째 포인트는 자기 결정을 유도하기 위한 커뮤니케이션과 프레임워크이다. 그리고 상사와 조직원 간의 커뮤니케이션일지라도 100% 이해하기를 목표로 할 필요까지는 없다. 70% 또는 80% 정도여도 처음에는 문제 없다. 어쨌든 이해의 질을 올리는 것이 중요한데, 100% 이해가 있을 수 없는 이상 100%로 목표로 정하고 길고 지루하게 논의하는 것은 좋은 방법이 아닌 것 같다. 최소한의 이해를 하고 있는 상태에서 실제로 실행해 봄으로써 전략수행의 상세 부분까지 확인하고 오해를 체감하는 것이 오히려 더 자극이 되고 이해를 촉진하게 되는 것이다. 이렇게 반복함으로써 P.D.C.A식으로 생각하고 이해의 질을 높여 나가면 될 것이다.

반발을 억제시키고 조직원들에게
계속해서 동기부여를 하자

아무리 스스로 전략을 이해하고 해야 할 일을 결정하게 한다고 해도 예상과는 달리 전혀 다른 방향의 결론이 나온다면 회사 입장에서 곤란해진다. 자기 결정을 유도하기 위한 커뮤니케이션에서 중요한 것은 조직원들이 참여하는 것이지 조직원들이 새로운 아이디어나 결론을 내도록 하는 것이 목적은 아니다. 이 커뮤니케이션의 목적은 전략에 대해서 조직원들이 스스로 생각하고 각각 자신의 과제를 인식하여 주체적으로 참여하도록 유도하는 것이다. 이것은 회사가 결정한 전략이라고 조직원들이 인식하게 되면 위에서 강요했다고 생각하여 반발할 수 있기 때문이다. 극단적으로 말하자면 엉겁결이라도 괜찮으므로 회사가 전략을 세운 프로세스에 따라 조직원들에게 생각해 보게 한 다음 같은 결론에 도달하게 하는 것도 중요하다. 하지만 조직원들의 생각도 다양하니까 좀처럼 결론에 도달하는 것이 쉽지 않을 것이며, 그래서 중요한 것이 프레임워크이다. 프레임워크란 사고방식의 절차를 나타내는 구조를 의미하는데, 공통의 프레임워크를 만들어 두면 대부분의 경우 회사의 경영층에서 생각한 결론과 현장에서 생각한 결론이 크게 다르지 않다. 오히려 프레임워크를 만들어 두지 않으면 조직원들이 이야기를 어떻게 진행하면 좋을지 갈피를 잡지 못하고 기대 밖의 결론이 나오는 경우도 있기 때문에 기초 데이터나 정리에 도움되는 시트를 준비해 두는 것이 좋다.

이제 전략을 수립·전개하려면
다음 세 가지를 명확히 해야 한다

1) 이 전략으로 무엇을 할 것인가?

2) 이 전략으로 어떤 고객을 공략할 것인가?

3) 이 전략을 실행하기 위하여 어떠한 활동이 필요한가?

	전략향상			스코어 카드	
				KPI	목표치
재무	수익향상	이익 / 수익안정	생산성	············· ·············	············· ·············
고객	제공가치	고객평가		············· ·············	············· ·············
프로세스	차별화	확보	회전율	············· ·············	············· ·············
학습과 성장	능력향상	인프라	의식개혁	············· ·············	············· ·············

공격하는 전략　　지키는 전략　효율을 높이는 전략

이 전략으로 무엇을 할 것인가를 가시화하기 위하여 밸런스 스코어 카드의 개념을 통해서 조직원들의 생각을 유도할 수 있다.

재무는 회사의 매출과 이익, 고객은 고객에게 제공하는 가치, 고객의 평가 프로세스는 조직으로써 무엇을 해야 하는가, 학습과 성장은 이 시책을 실행하기 위해 필요한 장치와 조직원의 능력을 의미한다. 회사의 전략은 크게 세 가지(공격하는 전략, 지키는 전략, 효율을 높이는 전략)로 나눌 수 있다. 예를 들어 신상품을 판매한다는 전략은 공격하는 전략이다. 각각의 시점에서 어떠한 일이 필요한지 알아보자.

시장을 가시화하여 고객별로 접근하는 방향을 결정한다.

타입별로(공격한다, 지킨다, 효율을 높인다) 전략군을 정리했으며, 다음은 어떤 고객을 공략할 것인가를 생각해 보아야 하는데 여기서 시장을 가시화하여 각각의 고객에 대한 대응 방법을 결정하는 프레임워크가 필요하다. 업종마다 다르긴 한데 매력도는 고객의 총 구매력을 의미하며, 사제품 및 서비스를 얼마나 구매할 수 있는가를 평가한 것이다. 거래 상황은 현시점에서 거래 상황을 의미하며, 내부 점유율을 평가하고 가시화한다.

02
Balance score card

주주들이 회사의 경영진에게 단기 이익창출을 요구함에 따라 경영자는 재무가치만을 높이는 데 집중할 수밖에 없고, 경영활동을 오로지 재무적 관점으로만 평가하다 보니 분식회계 등 재무가치를 올릴 수 있는 여러 가지 편법을 추구하는 기업이 나오기 시작했다.

따라서 이러한 재무가치에만 집중되는 현상을 바꾸려는 다양한 시도가 일어나게 되었는데 그중 하나가 바로 B.S.C(Balance score card)이며, 로버트 S의 '하버드 비즈니스 리뷰'에 소개되었다.

노턴과 데이비드 P. 카플란은 1992년 재무적 관점에서뿐만 아니라 고객, 내부 프로세스 및 학습 및 성장 관점에서 Balance score card는 전략을 결정하고 실행하는 도구로써 가시적으로 비전과 전략을 제시하고 구체적인 성과지표를 통하여 전략목표를 구체화하였다. BSC의 핵심인 매출과 이익은 재무적 관점으로만 치우치기 쉬운 경영지표를 다양한 관점으로 확장하였으며, Balance score card는 조직의 역할과 업무수행 결과에 대하여 원인파악 및 전략적 조치를 취할 수 있도록 괴기-현재-미래를 관철하여 필요한 핵심역량과 활동을 집중할 수 있게 하였다.

BSC는 Management의 인과관계를 모니터링하는 시스템이기 때문에 전략을 전개하고 결정하는 훌륭한 프로세스이기도 하고, 도구이기도 하다.

Balanced 의미

- 단기 VS 장기 목표
- 재무 VS 비재무 성과
- 과거 VS 미래 성과
- 외부 VS 내부 관점

BSC의 관점 전략은 네 가지 관점으로 전략을 측정 및 지표로 표시하며, 전략을 수행하기 위해 각 관점을 논리적으로 연결하였다. 그런 의미에서 B.S.C는 전략적 시나리오라고 말할 수 있다. 즉, 고객과의 강한 유대관계, 효율적인 프로세스 운영, 탁월한 인재육성이 경쟁사와 비교하여 승리할 수 있는 기업의 기초체력이 될 것이며, 이러한 요소들이 서로 연계하여 고객에게 차별화된 가치를 제공하게 되면 분명 기업의 경쟁력을 높일 수 있는 기반이 될 것이다.

4가지 관점의 상호 관계

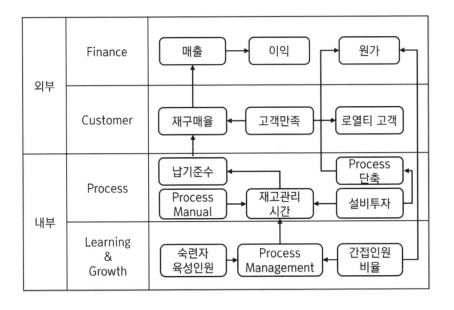

그림과 같이 4가지 관점에서 활동 힝목들은 최종 목표를 향해 서로 연관되어 작용하고 있기 때문에 전략수행 계획이 보다 구체화되어 각 조직 단위 및 실무자들이 목표 달성을 위하여 어떠한 일을 해야 하는지가 보다 명확해진다. 또한, 업무 진척도에 따라 전략수행 내용을 모니터링을 할 수 있기 때문에 더욱 계획적으로 관리할 수 있게 되었을 뿐 아

니라 전략수행 종료 후 관점별 Review를 통하여 어떠한 Action plan 이 효과적이었으며 또한 무엇을 개선해야 하는지 구분되므로 차기 전략 과 연계할 수 있게 된다. 중요한 것은 4가지 관점은 서로 밀접하게 연관 되어 있으며, 재무적 목표를 달성하기 위하여 고객 관점에서 설정한 목 표를 달성하여야 한다. 그러기 위하여 업무 프로세스나 학습 및 성장 목표도 서로 연계하여 동시에 달성해야 한다. 4가지 지표는 이렇게 서로 원인과 결과로 밸런스를 갖추어 연계되어 서로 영향을 미치게 되는데 이것이 바로 B.S.C의 최대 강점인 것이다.

전략 맵의 기본구조
(Basic Structure of Strategy Map)

사실 기존 관리방식은 지나칠 정도로 재무지표에 편중을 두고 있었기에 재무적 지표는 경영실적의 결과만을 보여줄 뿐, 그 프로세스와 원인에 대하여 아무것도 알기 어려웠던 것이 사실이었다. 예를 들어 매출은 목표 대비 미달하고 있는데 지출된 비용만 증가하고 있었다면 당연히 수익률이 떨어진 결과를 보여줄 것이다. 그런데도 경영자들이 무슨 조치를 해야 할지를 몰라 그저 재무지표만 보고 있다면 무엇을 구체적으로 어떻게 얼마만큼 개선해야 하는지 전혀 알 수 없게 될 것이다.

즉, 지표관리를 왜, 무엇 때문에 해야 하는지를 정확하게 이해하지 못하면 이러한 문제는 어쩔 수 없이 경험할 수밖에 없다. 비재무지표의 대부분은 목표를 달성하고 성과를 향상시키기 위한 목적으로 구성되어 있다. 그러므로 구성하고 있는 지표들과 회사의 성과는 어떠한 인과관계가 있고, 서로 어떠한 영향을 주는지 이해하고 나서 어떻게 활용을 해야만 하는지 관점별 전략의 연관성을 명확하게 알 수 있기 때문에 B.S.C (Balanced Scorecard) 활용을 권장하는 것이다.

B.S.C(Balanced Scorecard)는 재무(finance), 고객(Customer), 프로세스(프로세스), 학습 및 성장(Learning & Growth)의 4가지 관점의 지표

들을 종합적이고 균형적으로 관리하고 있다. 그러기 위하여 앞서서 서술했지만, 지표 간 인과관계를 명확히 파악하고 지표관리의 목적을 명확히 이해하는 것이 성공적으로 지표 관리하는 요소가 될 것이다.

전략목표 달성을 위하여 관리해야 할 재무, 비재무 지표들을 서로의 인과관계로 설정하여 지표 결과를 분석하고 또한 각 전략의 가설들을 확인함으로써 적절한 대응 전략을 미리 취할 수 있게 되는 것이다. 따라서 BSC를 성공적으로 운영하기 위하여 가장 중요한 것은 바로 지표 간 인과관계를 파악하여 지표를 관리하는 것이라고 말할 수 있다. 그러나 B.S.C를 단순히 4개의 관점으로 평가지표를 나열하여 관리하는 것으로 잘못 이해하는 경우가 많이 있다. B.S.C 관리의 핵심은 관리해야 할 지표를 정확하게 도출하는 것뿐 아니라 지표들 간의 인과관계를 기반으로 달성전략을 올바르게 실행하는 것에 있다.

무엇 때문에
인과관계 파악이 중요한가?

지표 간의 인과관계 이해와 파악을 선행함으로써 기업은 조직원들에게 전략목표 달성을 위하여 구체적인 방법을 제시할 수 있게 되는 것이다.

전략이란, 회사의 현재 상태보다 더 높고, 더 넓은 비즈니스 영역으로 전진하여 나아가고자 하는 의지를 의미한다. 그러므로 전략수립은 무엇보다 중요하다. 하지만 많은 회사가 전략의 개념이 명확하지 않기 때문에 조직원들이 전략만 보고 어떻게 활동하고 달성해야 하는지 이해하기란 쉽지가 않다. 따라서 기업은 조직원들에게 전략목표를 달성하기 위한 구체적 방법을 제시해야 하는데, 가장 효과적인 방법은 전략의 가설을 설정하고 그러한 가설을 달성할 수 있는 지표들을 인과관계에 따라 도출·제시하는 것이다.

이러한 과정을 통하여 조직원들은 전략을 구성하고 있는 하위의 각각 지표에 대한 목표가 상위의 전략목표를 달성하는데 어떻게 연계되고 기여하고 있는지 이해할 수 있게 되고, 구체적인 행동을 할 수 있게 되며 또한 동기부여가 되는 것이다.

제록스(Xerox)는 오래전 사원들에 대한 만족도가 고객 만족도에 직간접적으로 영향을 주게 됨에 따라 Market share 변화에 영향을 받게 되고, 매출과 수익에도 큰 영향을 주고 있다는 트렌드를 알게 되었다. 또한, 기업에서 제공하는 서비스 경험을 통해 고객의 만족도가 1% 증가하게 되면 고객 충성도(Customer Loyalty) 역시 0.5%가 증가하고 있다는 연관관계도 알아냈다. 따라서 고객 만족도(customer satisfaction), 종업원 동기부여(Employee motivation), 시장점유율(Market share), 자산수익률(ROA: Return On Assets)을 가장 중요한 지표로 선정하여 관리하게 되었다.

지표 간의 인과관계 파악을 통해 지표가 실제로 전략목표 달성에 어떠한 기대효과가 있는지 판단할 수 있다. 즉, 지표들 간의 인과관계 및 연결성 분석을 통해 회사 전략실행의 효율성을 예측할 수 있다. 또한, 전략의 부족한 요소가 무엇인지, 전략이 올바르게 수립되었는지도 알 수 있다. 예를 들어 영업활동이 효과적으로 이루어지기 위해 목표 고객(Target customer)층을 정확히 정의하고, 그 목표 고객들이 어떻게 구성되어 있는지 우선적으로 파악하고, 이러한 고객들을 대상으로 어떠한 영업활동을 전개할 것이며 얼만큼의 성과를 거두어들이고 있는지를 체계적으로 관리할 필요가 있다. 그런데 인과관계를 분석할 때 이러한 지표관리가 제대로 되지 않고 있다면 기업의 영업활동뿐 아니라 모든 경영활동을 다시 한 번 점검해 보아야 할 것이다.

지표들 간 인과관계는 서로 연결되었는지를 확인하고 보완함으로써 전략이 효과적으로 실행될 수 있도록 해야 한다. 하지만 어떤 때는 개별 지표 간에 서로 상충되는 경우가 종종 발생하는 경우가 있는데 잘 생각해 보아야 할 것은 부분 최적이 전체 최적이 될 것이라고 확정할 수 없다는 것이다. 때로는 성과 지표관리가 오히려 성과를 저해하는 리스크로 작용할 수 있다. 예를 들자면 생산업체의 경우, 생산계획을 세우고 생산계획 준수율에 의해 평가를 받고 있다고 가정하자. 그런데 월도 마지막 주 가까이 되어서 고객들이 많은 양의 주문을 한다고 하더라도 이 생산업체의 공장은 주문받은 양을 생산하지 않을 수 있다. 왜냐하면, 공장은 이미 생산계획 준수율에 의해 평가를 받고 있었기 때문에 고객이 아무리 많은 양을 시급하게 주문을 했다고 하더라도 공장 입장에서 보면 일단 생산계획을 달성하게 되면 계획된 생산량 이상의 제품을 생산한다고 하는 것은 평가받는 데 전혀 도움도 되지 않기 때문인 것이다. 따라서 지표 간의 인과관계를 정확히 파악하지 못한 상태에서 지표관리하게 되면 회사성과에 전혀 도움이 안 될 수도 있다. 따라서 지표의 인과관계 개발 및 영향력 라인을 잘 파악하고 종업원들과 커뮤니케이션하기 위하여 전략 맵뿐만 아니라 전략 맵 스토리를 미리 작성하여 검토하는 것이 중요하다.

전략 맵 작성

B.S.C 전략 맵이란, 전략목표 달성을 하기 위하여 추진하는 계획과 성과를 측정할 수 있는 지표들을 재무(Finance), 고객(Customer), 프로세스(프로세스), 학습 및 성장(Learning & Growth) 관점으로 선정하고 지표끼리 인과관계 연결성을 표시한 것이다.

전략 맵을 작성하기 위해서 기업의 전략실행과 관련된 성과지표를 추출해야 하는데, 후행지표(Lagging Indicator)와 후행지표에 영향을 주고 있는 선행지표(Leading Indicator)로 구분할 수 있다. 예를 들면 고객 만족도의 선행지표는 서비스 사원의 태도와 서비스 품질 그리고 주문한 상품의 배송 납기 준수율 등 제공한 고객 서비스가 고객의 비즈니스에 미치는 영향력 등이 될 수 있으며, 이와 같이 고객 만족도 레벨은 재구매 및 매출액 증대의 선행지표로 작용할 수 있게 된다. 그렇기 때문에 전략 맵을 작성할 때에는 재무적 관점으로부터 학습 및 성장 관점까지 Top-down 방식으로 인과관계를 명확히 하여 작성하는 것이 효율적이며, 4가지 관점에서의 후행지표를 결정하고 각각의 영향을 미치는 선행지표를 결정해야 한다. 그리고 이렇게 개발된 모든 지표는 회사의 통합 전략과도 연계되도록 작성해야 한다.

다음은 주주가치 증대로 설정하고 작성한 전략 맵의 사례이다.

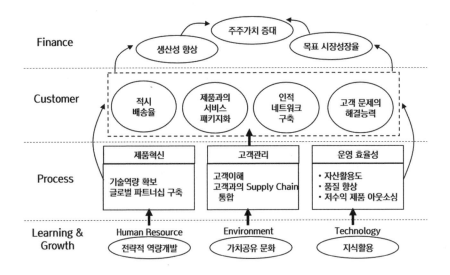

주주가치 증대를 위하여 '생산성 향상'과 '목표 시장의 성장률 달성'이라고 설정하고, '주주가치 증대' 측정을 위한 재무관점의 지표로 EVA(Economic Value Added: 세후 영업이익에서 자본비용을 차감한 값으로 주주 입장에서 본 실질적인 기업가치)와 '주식의 시장 가치'를 선정하였다. 생산성 향상 측면으로 '생산 단위당 이익'을 선정하였고, '목표 시장 성장률 달성'을 위하여 신제품의 매출비중을 선정하였다. 이러한 재무적 관점의 목표를 달성하기 위하여 고객 관점에서는 고객에게 가치 제공 증대를 목표로 삼았고, 이를 위하여 적기 배송률, 제품과 서비스의 패키지화, 인적 네트워크 구축 정도, 고객 문제의 해결 능력을 설정하였다. 또한, 고객가치 제고를 위하여 프로세스 측면에서 '운영 효율성', '고객관리', '제품혁신' 세 가지 계획을 설정하였다. 운영 효율성과 관련하여 '자산 활용도 증대', '품질 향상', '저수익 제품의 아웃소싱'이라는 지표를 설정하였으며, 고객관리와 관련하여 고객 이해와 고객과의 완벽한 Supply Chain 통합을 계획했다. 제품 혁신과 관련해서는 '새로운 기술 역량 확보'와 '글로벌 파트너십 관계 구축'을 관리지표로 선정하였다. 그리고 성장 및 학습의 측면에서는 '조직원들의 전략적 역량 개발', '가치 공유 문화', 그리고 '지식 활용'을 주요 활동계획으로 선정하였다. 이렇게 전략 맵을 작성함으로써 전략목표 달성에 필요한 활동과 지표가 무엇인지를 체계적으로 이해할 수 있게 된 것이다.

전략 맵 스토리 만들기

　전략 맵은 종업원들이 더욱 쉽게 전략을 이해할 수 있도록 해준다. 그런데 전략 맵을 종업원들이 자기 나름대로 해석할 수 있는 경우가 발생할 수 있기 때문에 전략 맵을 보완해 주는 스토리를 만드는 것이 필요하다. 모든 조직원은 전략 맵 스토리를 통해 전략 맵을 동일하게 이해할 수 있게 해야 한다. 전략 맵 스토리는 일반적으로 4가지 조건으로 구성되어 있다.

　첫째, 현재 시장의 변화와 경영상황, 시장과 고객 분석, 변화가 필요한 이유

　둘째, BSC의 개념, 방법론, 그리고 도입 목적

　셋째, 관리지표와 지표 간의 인과관계

　넷째, 지표들이 어떻게 서로 융합하여 전략으로 실행되고 그에 따라 기업의 미션과 전략 달성에 얼마만큼 기여하는지 성의한다.

고객가치 제안

어떠한 가치를 고객에게 제공할 수 있을지 명확히 할 필요가 있다.

고객에게 가치를 제공하기 위하여 기업의 이미지를 어떻게 전달할 것인지 섬세하게 디자인할 필요가 있다. '운영 우수성', '고객 친밀감' 또는 '제품 혁신' 등과 같은 정의를 통하여 기업은 경쟁업체와 차별화를 하고 고객을 유치하며 또한 지속적인 고객 관계를 유지하기 때문이다.

운영 우수성		
제품 및 서비스 품질향상을 목표로 한다. Dell, McDonald		
F		
C	운영우수성	
P	SCM Lean System	
L&G		

고객 친밀감		
고객의 요구에 맞는 제품 및 서비스를 제공함으로써 고객과 오래 지속되는 관계를 구축하는 것을 목표로 한다. Disney, Ritz Carlton		
F		
C	고객 친밀감	
P	CRM, 1:1 Market	
L&G		

제품 혁신		
고객에게 혁신적이고 새로운 제품을 제공함으로써 경쟁업체를 이기는 것을 목표로 한다. Sony, M Intel		
F		
C	제품 혁신	
P	상품개발. 동시엔지니어링	
L&G		

고객 만족도를 향상시키기 위하여 회사 내 다양한 비즈니스 프로세스가 서로 어떻게 연결되어 있는지 인과관계를 명확히 확인해야 할 필요가 있다. 그리고 어떠한 핵심역량을 바탕으로 어떠한 것을 고객에게 전달할 것인지 결정하고 핵심 프로세스를 구축하는 것이 새로운 가치를 창출하기 위하여 중요한 부분이다. 그렇기 때문에 고객의 특성치에 따

라 어떻게 차별화된 가치를 제시할 것인지에 따라 강화해야 할 프로세스는 달라질 수밖에 없다.

가치 디자인에 대하여

고객들은 기업에 일정한 지불을 하고 대응하는 가치를 제공받게 되는데, 요즘과 같이 경쟁이 심화된 환경에서 고객이 느끼는 가치는 점차 차별성이 소멸하고 있다. 따라서 기업은 쉬지 않고 고객의 새로운 가치를 발굴하고, 개발해야 한다.

4차산업 혁명 시대를 맞이하여 산업의 융·복합을 통하여 '초연결 사회' 구조로 변화하고 있기 때문에 기업들의 경영 패러다임도 변화하고 있고, 산업 간의 경계도 모호해지고 있다. 따라서 새로운 융·복합 기술들로 새로운 고객의 가치를 개발하고 있다. 아무리 좋은 비즈니스 아이디어라고 하더라도 '가치'가 부여되지 않으면 그저 일회성에 그치고 말수 있다. 따라서 고객을 이해하고 가치를 디자인해야 하고 기업 경영으로 연결시켜야 하며, 수직보다는 수평 관계에서 고객의 영역을 이해해야 고객가치 디자인을 할 수 있을 것이다.

Xerox가 고객에게 제공하는
서비스 가치 '3R+1V

고객에게 기대하는 느낌/인식	UX(고객경험) 디자인		
	People	Processes	Technology
Reliability "우리는 언제나 Xerox를 굳게 믿습니다."	•PC 기술 교육	•FM P&L 실적 분석 •팀 프로세스 모니터링 •프로세스 작동율 모니터링	•Service – 문제 해결
Responsiveness "Xerox는 언제나 빨리 문제 해결을 하고 있습니다."	•고객 요구 사항에 대한 대응 •고객 접점	•문제 해결 •CSMS(Customer Service Management System)	•이메일, 음성 메일
Relationship "Xerox와 비즈니스 관계는 매우 편합니다. 우리는 Xerox를 신뢰합니다."	•CAMs /AAs(기술전문 능력 평가 시스템) 코칭 및 상담 •다른 팀 요청 지원	•계정 리뷰	•신제품
Value "Xerox는 나의 요청에 맞는 솔루션을 제공합니다."	•지속적 학습내용 개발	•다양한 이니셔티브를 위한 프로세스 개발 •특정 사이트에 대한 변경 사항 제안/모니터링 •성능 표준 검토/개발 •문제 해결	•생산성 비용 •미래로의 연결

K.P.I

(Key Performance Indicator)

K.P.I는 핵심 성과지표라고 할 수 있다.

K.P.I를 달성했는가를 두고, 조직이나 개인의 성과를 평가하는 방법으로 활용하기도 하며, K.P.I는 목표를 달성하거나 성과를 지속·유지할 수 있도록 각 조직 또는 조직원들의 행동과 사고를 하나로 집중시켜주는 데 활용된다. 따라서 잘 구성된 K.P.I는 기업의 각 부서와 조직원들이 방향을 잃지 않고 전략을 수행해 나아갈 수 있는 나침반과 같은 역할을 해주며, 쓸데없는 데 힘을 낭비하는 일을 최소로 줄여줄 수 있다.

K.P.I를 선택할 때 다음을 기준으로 설정할 수 있다.

– 전략설정 배경과 효과와의 연관성

– 정확도, 품질, 비용, 시간

– 전 사원이 이해하기 쉽도록

– 신뢰성

– 실현 가능성 등

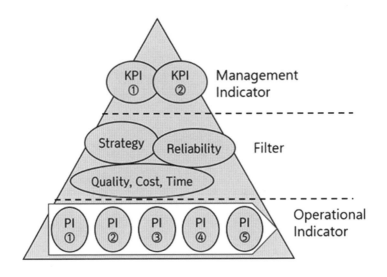

기업에는 조직도가 있다. 특별한 이유가 없으면 거의 대부분 전사-본부-부문-과-팀-조 형태의 순차적인 조직구조를 가지고 있다. K.P.I도 마찬가지이다. 가장 상위의 전사적인 K.P.I가 있고, 제일 하위로는 개인의 PI가 존재한다. 전사적인 K.P.I는 기업이 속한 산업에서 살아남기 위한 핵심적인 목표 항목이고, 유지해야 할 기준이라고 할 수 있다. 예를 들어 조직 단위 K.P.I는 각 본부 또는 부서 단위의 지표이다. 생산부의 가동률이나 품질부의 불량률과 같은 지표를 말하는데, 조직 단위의 K.P.I는 각 조직의 특성과 고유기능을 감안하여 설정되지만, 전사적인 K.P.I를 달성하기 위한 지표로도 설정되기도 한다. 개인 단위 P.I는 개인의 성과를 평가하기 위한 지표이다.

K.P.I 설정방법

1) 지표의 개수:

K.P.I의 숫자는 적을수록 좋다. K.P.I는 LEVEL 별로 3~5개 정도가 적당하다. 수행하고 있는 업무 단위 기준으로 나열되어 있는 K.P.I는 지양해야 하며, 집중 관리해야 할 대상, 꼭 필요한 항목을 K.P.I로 정해야만 한다.

2) 숫자화:

목표, 비전, 가치와 같은 형태를 제외하고, 반드시 목표와 결과를 숫자화할 수 있어야 하며, 숫자로 되어 있어야 조직원들이 쉽고 빠르게 목표 달성에 대한 진척상황을 파악할 수 있다. 숫자로 되어 있지 않은 지표는 조직원들에게 혼란을 줄 수 있다.

3) 난이도:

쉽고, 빠르게, 정확한 데이터를 수집할 수 있고, 간단한 계산으로 결과를 도출할 수 있도록 K.P.I가 설정되어야 한다.

4) 주기:

측정 대상의 민감성에 따라 적당한 범위로 성과측정 주기를 설정해야 하며, 가동률은 일 단위로, 재고는 월 단위로 측정하는 것처럼 각 대상에 따라 합리적인 측정 및 평가 주기를 설정한다. 전사 단위 K.P.I, 조직 단위 K.P.I는 설정되어야 하지만, 개인 단위 K.P.I는 인사 평가의 목적이 아니라면 설정하지 않는 게 좋다.

과거에는 성과관리 시스템 구축 경쟁이 치열하지 않았으며, 성과지표 관리도 그리 중요하게 생각하지 않았다. 매출이 저조하면 영업 관리자들에게 영업 직원들을 좀 더 독려하라고 지시만 하면 되었던 때도 있었다. 왜냐하면, 특별히 조치를 취할 수 있는 것이 한계가 있었고 또한 그리 복잡하게 관리할 필요성을 느끼지 못하였기 때문이다. 그러나 오늘날과 같이 복잡하고 다변화되는 비즈니스 환경에서는 목표로 하는 성과를 달성하기 위해서 종업원들이 무엇을 어떻게 해야 하는지를 명확히 이해하지 못한다면 성공적으로 기업 목표를 달성할 수 없는 시대로 변하였다. 그러한 이유로 치밀한 지표관리 실행을 통하여 성과에 대한 인과관계가 무엇인지를 확인할 수 있어야 하는 것이다. 그리고 기업 입장에서는 이를 위해서는 성과지표 관리 시스템을 구축하여 변화 프로세스를 관리하며 경영 목표를 달성해야 한다. 또한, 전 조직원들이 성과 달성을 위하여 무엇이 필요하고, 성과를 달성하지 못한 이유가 무엇인지를 알 수 있어야 한다. 그리고 이러한 문제를 해결하기 위하여 어떠한 시책이 필요한지를 확인하고 그 지표를 중심으로 분석 관리하는 역량을 키워 나가야 한다.

S.M.A.R.T 방법으로
목표 설정방법

전략적 목표를 정할 때보다 분명하고 달성 가능하며, 구체적으로 설정하는 방법을 Robert S. Ruben 교수가 아래와 같이 개념을 정리했다.

1) Specific(구체적)
2) Measurable(측정 가능한)
3) Achievable(달성 가능한)
4) Realistic(현실적)
5) Time-bound(기한이 있는)

1) Specific(구체적)

목표가 너무 광범위하거나 모호하면 달성하기 어렵기도 하고, 실수할 수 있다. 따라서 목표를 분명히 하는 것이 첫 번째 순서이다. 목표가 명확하고 구체적이지 않으면 노력에 집중할 수 없거나 목표를 달성하려는 진정한 동기를 느낄 수 없다. 마치 마라톤 할 때 주행 코스별 속도와 구간 예상 통과 시간 등 구체적인 목표를 세우고 달리는 이치와 동일하다.

2) Measurable(측정 가능한)

목표, 비전, 가치와 같은 형태를 제외하고, 반드시 목표와 결과는 측정 가능한 숫자화할 수 있어야 한다. 수행하고 있는 전략을 숫자로 측정할 수 없다면 자신이 잘하고 있는지 또는 계획과 큰 차이가 발생하고 있기 때문에 전략을 수정해야 하는지 알 수 없다. 또한, 실적 데이터가 숫자로 되어 있어야 조직원들이 쉽고 빠르게 목표 달성에 대한 진척상황을 파악할 수 있으며 조직원들이 혼란스러워하지 않는다.

3) Achievable(달성 가능한)

목표는 현실적으로 조직이 보유하고 있는 능력 한도 내에서 세워야 한다. 지나치게 무리하거나 근거 없이 목표를 세워서도 안 된다. 목표를 도전적으로 추진해야 하지만, 내적이나 외적 환경의 변화에 따른 조직의 능력 한계도 알아야 한다. 또한, 어쩌다 한 번 목표를 달성하는 것이 아니고 지속적으로 달성 가능해야 한다.

4) Realistic 그리고 Relevant(현실적이고 관련된)

아무리 애를 써도 달성할 수 없는 목표를 세운다면 조직원 누구도 열심히 노력하지 않을 것이며, 너무 낮은 목표를 세우게 된다면 조직은 더 이상 발전하지 않을 것이다. 따라서 목표는 현실적이어야 하며, 세워진 조직의 목표가 조직의 궁극적 비즈니스 목표와 연결되어 있는지 반드시 확인해야 한다. 따라서 단기 전략 및 장기 전략과 비교하여 설정해야 한다.

5) Time-bound(기한이 있는)

목표에 일별, 월별 또는 분기별로 실적을 확인할 수 있도록 해야 한다. 설정한 기간에 목표를 달성할 수 있도록 시간에 따라 진척도와 성과를 측정할 수 있게 계획해야 한다.

선행지표와 후행지표

구분	의미	각 지표간의 관계	
		최종성과(후행지표)	선행지표
재무	기업의 최종성과는 계량적 지표로 표시	영업이익 ↑ 매출	
고객	고객은 기업의 성과 달성의 원천	시장점유율 갱신/유지율	● 신규고객 Net 증가수 ● 1인당 관리 고객수 ● 보험계약자의 만족도 ● 평균 거래기간
프로세스	고객유인을 위해서는 내부 프로세스의 경쟁력 확보 필요	상품 경쟁력 손해율 사업비율	● 경쟁자와의 가격비교 ● 서비스의 질 ● 부실 계약율 ● 각 비용발생 추이
학습,성장	인적자원 역량의 뒷받침이 필요	조직생산성	● 표준 전업인원 Net 증가수 ● 자격별 이수학점 취득율 ● I.T/D.B의 활용도

B.S.C를 통한 방침 전개와
Target 활동

B.S.C Cycle

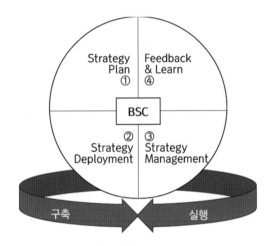

1. 일단 B.S.C를 도입하기 하기 위한 기초가 구축되면 다음 단계는 매일 활용해야 한다.

2. B.S.C를 조직의 두 번째 또는 세 번째 레이어로 Front line까지 단계식으로 전개되어야 한다.

3. 직원의 평가는 각 전략의 진행상태를 확인하고 평가 및 분석이 연결되어 있는 것이 이상적이다.

4. 지속적인 개선을 위해 I.T 기술을 적절하게 활용하는 것이 바람직하다.

5. B.S.C 자동화 소프트웨어 사용 등을 통하여 진행 상황을 확인해야 한다.

6. E.R.P(Enterprise Resource Planning) 및 D.W.H(Data Ware House)를 활용해야 한다.

7. 다음 전략 계획을 수립할 때 이전 전략 전개 시 경험했던 내용을 반영해야 한다.

K.P.I 도출 프로세스

K.P.I를 어떻게 도출해야 하는가?

많은 기업에서 그 K.P.I를 도출하는 걸 그저 직관에 의존하는 경우들이 굉장히 많다. 예를 들어 생산 업무를 담당하는 사람이라면 불량률을, 인사 업무를 담당하는 사람이라면 이직률을 수치화 시키는 게 편한데 부서의 K.P.I로 설정한 경우들이 비일비재하다는 것이다. 이렇게 직관적으로 K.P.I를 도출한다면 문제가 발생하기 쉽다. 따라서 K.P.I를 도출할 때는 직관에 의존해서 K.P.I를 도출하는 것이 아니라 체계적인 프로세스에 의해서 K.P.I를 도출해야 된다.

K.P.I를 도출하려면 성과목표를 먼저 명확하게 설정하여야 한다.

어떤 성과를 나의 업무를 통해서 만들어 낼 것인지 설정하고 나서 그 성과에 대한 목표를 설정하게 된다. 그런데 이 성과목표는 절대 그냥 달성되지 않는다. 원하는 복표를 달성하기 위해서는 반드시 K.P.I를 달성하기 위한 C.S.F(Critical Success factor)가 무엇인지 도출해야만 하며, C.S.F는 행동 지표상의 행동을 잘했을 때만 확보할 수가 있다. 그리고 C.S.F를 확보하기 위해서 어떤 행동들을 잘해야 하는지 행동지표를 찾아내는 프로세스를 거쳐야 한다.

K.P.I라고 하는 것은 행동 지표상 특정 행동을 잘 수행했을 때 영향을 받는 수치, 즉 C.S.F를 잘 확보를 했을 때 영향을 받는 수치를 K.P.I라고 할 수 있다. K.P.I를 도출하기 위해서는 먼저 성과 목표를 명확하게 설정해야 하는데, 성과목표는 회사에서 어떤 업무를 수행함에 따라서 회사에 기여해 줘야 하는 것(매출, 이익, Market share…)이 성과가 될 수 있다. 그렇기 때문에 성과는 반드시 결과여야 하며 또한 회사 입장에서 바람직한 결과로 연결되어야 한다. 이 두 가지 요건을 다 충족시키지 못하면 그것은 성과라고 할 수 없는 것이다.

예를 들어서 어떤 학교의 선생님이 학생에게 이번 학기에 어떤 성과를 낼 것인지를 질문했다고 가정하자. 그리고 그 학생은 '공부를 열심히 하겠습니다.'라고 대답을 했다. '공부를 열심히 하겠습니다.' 이것은 성과를 물어본 질문에 대한 적절한 답변일까?

'공부를 열심히 하겠다'는 것은 결과가 아니기 때문에 성과가 아니다. 그럼 '이번 학기에 성적으로 올리도록 하겠습니다.'라고 했다면 '성적이 올라간다'는 것은 공부를 열심히 하겠다는 행동의 결과이고, 성적이 올라간다고 하는 것은 분명히 좋은 것이어서 이 두 가지를 다 충족시키기 때문에 이것은 성과가 맞다.

어떤 회사의 영업사원에게 올해 어떤 성과를 낼 것인지 질문을 했더니 '저도 올해 고객을 자주 방문하도록 하겠습니다.'라고 했다면 이거 성과에 대한 질문에 대한 적절한 답변일까? 이것은 성과가 아니다. '고객을 자주 방문한다'는 것은 결과가 아니기 때문에 이것은 성과가 아닌 것이다.

만일 '앞으로 올해 고객의 만족도를 높여 보도록 하겠다.'라고 했다면 고객의 만족도가 그냥 높아지지 않고 우리가 뭔가를 잘했을 때 그 결과로 고객의 만족도가 높아지기 때문에 이것은 결과가 맞고, '고객의 만족도가 높아진다'는 것은 회사에 좋은 것이기에 성과가 맞다.

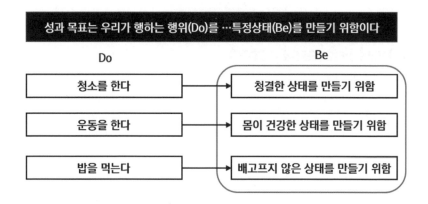

우리가 행하는 대부분의 행위(Do)는 어떤 특정한 상태를 만들기 위해서다.

예를 들어서 청소를 한다고 하는 이 행위는 청결한 상태를 만들기 위해서 또는 스트레스를 해소하기 위해서 등 어떤 특정한 상태를 만들기 위해서 하는 것이다. '운동을 한다.'라고 하는 이 행위는 보통은 몸이 건강한 상태를 만들기 위해서 '운동을 한다.'라고 할 것이며, '밥을 먹는다.'라고 하는 행위는 배고프지 않은 상태를 만들기 위해서 또 어떤 사람들은 스트레스를 풀기 위해서 밥을 먹는 사람들도 있기도 하고, 내 마음이 즐거운 상태를 만들기 위해서 '밥을 먹는다.'라고 하는 사람들도 있을 것이다. 아무튼, 우리가 행하는 대부분의 행위는 특정한 상태를 만들기 위해서 하는데 이는 '성과 목표(To Be)'라고 하는 것에 해당된다.

내가 회사에서 하는 일은 어떤 상태를 만들기 위해서 하는 일이고, 이 부분이 바로 성과 목표인 것이다. 따라서 막연히 인사관리 제도를 구축하겠다고 한다면 그런 건 성과 목표가 될 수 없다. 이렇기 때문에 K.P.I를 도출하기 위해서는 먼저 성과목표를 이해하여야 한다. 그리고 성과목표를 설정했다고 한다면 그다음 단계는 그 성과목표를 달성하는데 결정적인 영향을 미치는 C.S.F가 무엇인지를 찾아내는 것이다.

C.S.F
(Critical Success Factor)

예를 들어 '내 인생에서 성과 목표는 행복한 삶을 사는 것이다.'라고 했다면 이 '행복'이라고 하는 성과 목표를 달성하는 데 영향을 미치는 Success factor에는 어떤 것들이 있을까? 행복해지는 데 도움을 주는 요인들은 여러 가지가 있을 것이다. 돈도 행복해지는데 영향을 미칠 것이고, 건강 그리고 주변에 좋은 사람들이 많으면 행복해지는 데 도움이 될 것이다. 어떤 사람은 맛있는 요리를 먹을 때, 어떤 사람들은 재미있는 영화를 볼 때 행복하다. 즉, 이런 것들이 다 행복이라고 하는 성과 목표를 달성하는 데 도움을 주는 성공 요인인 것이다.

그런데 이 성공 요인 중에 어떤 성공 요인들은 행복이라고 하는 목표를 달성하기 위해서 반드시 있어야 하는 성공 요인들이 있다. 이 중에는 없으면 절대 행복해질 수 없는 그런 종류의 성공 요인들도 있는 반면에 없다고 해서 목표를 달성할 수 없는 것은 아닌, '그냥 이것이 있으면 도움은 되지만 없어도 큰 문제가 없는 것'들도 있다. 요리나 영화 같은 경우는 있으면 행복해지는 데 도움은 되지만, 맛있는 요리와 재미있는 영화는 없다고 해서 우리 인생이 불행해지지는 않는다.

즉, 이러한 것 때문에 목표를 달성할 수 없느냐 하면 그렇지는 않다.

하지만 대체로 돈이 하나도 없거나 건강이 좋지 않거나 주변에 사람들이 한 명도 없다면 행복한 삶을 살기가 거의 불가능해진다.

즉 이건 반드시 있어야 한다는 돈, 건강, 사람이 여러 가지 Success factor들 가운데에서도 가장 Critical Success Factor가 되는 것이다.

이것을 우리가 바로 C.S.F.라고 하는 것이고, 성과 목표를 달성하기 위해서 반드시 확보해야만 하는 요인을 바로 C.S.F.라고 이해를 하면 좋을 것이다.

정리하여 다시 설명하자면 K.P.I를 도출하기 위해서 먼저 성과 목표를 명확하게 설정해야 하고, 그 성과 목표를 달성하기 위해서 반드시 확보해야만 하는 Factor가 무엇인지를 그다음 단계에서 찾으면 되는 것이다.

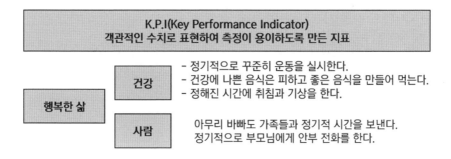

예를 들어 인사 담당자의 중요한 성과 목표 가운데 하나도 우수 인재 확보라고 하는 성과 목표 설정을 했다고 하면 우수 인재 확보라고 하는 성과 목표를 달성하는 데 결정적인 영향을 미치는 Critical Success Factor는 어떤 것들이 있을까?

우수 인재 확보에 결정적인 영향을 줄 수 있는 요인들 여러 가지가 있겠지만, 급여를 많이 주면 우수 인재 확보할 가능성이 커진다. 또 기업 문화와 회사에 대한 비전 등도 우수 인재를 확보하는 데 결정적인 영향을 미치는 요인들이 될 수 있을 것이다.

그러면 인사 담당자는 이 '우수 인재 확보'라고 하는 자신의 성과 목표를 달성하기 위해서는 무엇을 고민해야 하며, 어떻게 하면 우수 인재들이 매력 있게 느낄 만한 연봉체계를 갖출 수 있느냐 하는 것을 늘 고민할 것이다. 어떻게 하면 우리 직원들이 같은 값에 더 만족스러운 복리후생 제도를 누리면서 근무할 수 있도록 만들 수 있을지, 어떻게 하면 더 좋은 기업문화를 갖출 수 있도록 만들 수 있는지, 어떻게 하면 우리 부서 직원들이 회사에 대한 비전을 가지고 일할 수 있는지를 늘 고민해야만 우수 인재 확보라고 하는 자신의 성과 목표를 달성할 가능성을 높일수가 있는 것이다.

이러한 것이 인사 담당자로서 우수 인재를 확보할 수 있는 C.S.F라고 할 수 있으며, 인사 담당자의 경우 인재 확보라고 하는 성과 목표를 달성하기 위하여 갖춰야 하는 C.S.F를, 즉 성과 목표를 달성하는 데 결정적인 영향을 미치는 요인들을 찾을 수 있어야 하는 것이다.

행동지표

K.P.I를 도출하기 위한 세 번째 단계는 행동 지표를 도출하는 단계이며, 행동 지표라고 하는 것은 이 C.S.F를 확보할 수 있도록 만들어주는 행동상의 특성이다.

예를 들어 성과 목표가 행복한 삶이고, 이 행복한 삶이라고 하는 성과 목표를 달성하기 위해서는 건강과 사람, 돈과 같은 C.S.F를 확보해야 할 것이다. 그러나 이 건강이라고 하는 것은 저절로 확보되는 것이 아니다. 그렇다면 건강을 확보하기 위해서는 어떤 행동을 잘해야 할까?

여러 가지가 있겠지만, 정기적으로 꾸준히 운동을 하거나 건강에 나쁜 음식은 먹지 않고 좋은 음식을 만들어 먹거나 정해진 시간에 취침과 기상이라는 규칙적인 생활을 해야만 건강해질 수가 있다. 이러한 행동을 하지 않으면 C.S.F를 확보할 수가 없기 때문에 이 목표를 달성하기도 힘들게 된다. 즉 C.S.F를 확보할 수 있도록 도와주는 행동상의 특성이 행동지표이며, K.P.I를 도출하기 위해서는 우리들의 C.S.F를 확보하기 위하여 행동지표를 찾아야만 하는 것이다

성과 목표라고 하는, 우리가 회사에서 하는 업무 활동은 어떤 상태를

만들기 위해서 하는지 생각해 보자. 즉 회사에 어떤 기여를 하고 싶고, 회사에 긍정적인 상태를 만들어주기 위해서 나는 어떤 행위를 해야 할 것이냐에 관한 내용이 바로 행동지표인 것이다.

결론적으로 K.P.I는 이 행동지표상에서 그 행동을 잘 수행했을 때의 수치이고, C.S.F를 제대로 확보했을 때 영향을 받는 수치를 K.P.I라고 할 수가 있다.

앞에서 설명한 것처럼 행복한 삶이라고 하는 성과 목표를 달성하기 위해서는 건강, 사람, 돈과 같은 C.S.F를 확보해야만 이 목표를 달성할 가능성이 높아진다. 건강이라고 하는 C.S.F를 확보하기 위해서는 먼저 정기적으로 꾸준하게 운동하고, 좋은 음식을 섭취하고, 규칙적인 생활과 같은 행동을 해야 하는 행동 지표를 잘 수행해야 하는 것이다.

정기적으로 꾸준히 운동한다는 행동을 잘 수행하기 위하여 운동 횟수는 많아지게 될 것이고 체중도 줄어들게 될 것이며, 근육량은 많아질 것이다. 이 행동을 잘하면 영향을 받게 되는 수치를 K.P.I라고 한다.

그리고 두 번째, 건강에 나쁜 음식을 피하고 좋은 음식을 만들어 먹는다. 이 행동을 잘하게 되면 체지방 비율과 혈중 콜레스테롤 낮아질 것이다. 그래서 전반적으로 이 수치가 양호하게 나왔다면 이 행동을 잘 수행하고 있다고 판단할 수 있다.

만약에 체지방 비율이 높고, 혈중 콜레스테롤 수치도 지난해 대비 급격하게 높아졌다면 어떤 행동을 못 하고 있다고 판단할 수가 있을 것이다.

따라서 모니터링함으로써 어떤 행동들을 앞으로 더 신경 써서 잘해야 하는지를 파악을 할 수가 있게 되는데, 이것이 K.P.I이다.

그리고 이 K.P.I들 가운데 건강이라고 C.S.F를 가장 잘 보여줄 수 있는 것을 선택하면 된다. 그리고 이 C.S.F를 가장 잘 대변해 주는 Performance Indicator를 뽑아서 그것을 K.P.I로 선정하면 되는 것이다.

그리고 이 K.P.I를 도출할 때 각 직무수행자들이 K.P.I를 선정하지 말고 반드시 관리자들과 상의를 해서 도출하는 것이 바람직하다. 왜냐하면, 이 일에 대해서 지식을 많이 보유하고 있고, 경험이 많고 또 K.P.I에 대한 올바른 개념을 이해하고 있는 분들과 상의해서 K.P.I를 결정하는 것이 좋기 때문이다.

이렇게 K.P.I는 내가 원하는 성과를 향해서 잘 진행되고 있는지 그 중간 과정을 객관적인 수치로 판단할 수 있도록 모니터링할 수 있어야 한다. 그런데 많은 경우가 이 성과 목표를 설정하는 데 있어서 굉장히 자주 저지르는 오류가 있는데, 그냥 좋은 거라면 다 나의 목표로 설정한다는 것이다. 예를 들어 우리 집이 돈을 많이 버는 것, 이것은 분명히 좋은 것이다. 그런데 집에 있는 초등학교 2학년짜리 아이의 목표로 설정해 주었다면 그것은 분명 나쁜 목표일 것이다. 왜냐하면, 분명히 돈을 많이 버는 것은 좋은 것이었지만 이것이 초등학교 2학년짜리 아이의 목표로는 나쁜 목표가 될 것이기 때문이다.

이런 경우가 회사에서 굉장히 많이 벌어진다. 그냥 좋은 것이라면 우리 부서의 목표 나의 목표로 설정하는 경우가 굉장히 많다. 왜 돈을 많이 번다고 하는 이 좋은 것이 초등학교 2학년짜리 아이의 목표로 설정됐을 때는 왜 갑자기 나쁜 것이 될까? 그 이유는 돈을 많이 버는 것이 이 아이의 역할과 부합하지 않기 때문이다.

아이가 우리 집에 존재하는 이유와 역할이 돈을 버는 것과 상관이 없기 때문에 아무리 좋은 거라고 하더라도 이 아이의 역할과 부합하지 않는 목표는 바람직하지 않은 목표, 나쁜 목표라는 것이다. 그래서 우리가 이런 목표 설정을 피하기 위해서는 조직이 우리에게 기대하는 역할과 미션을 기준하여 미션 범위 내에서 목표를 설정해야 한다.

　그러기 위해서는 반드시 먼저 미션을 명확하게 한 다음에 목표로 설정해 주어야 하는 것이다. K.P.I의 기준점은 성과 목표인데, 성과 목표를 잘못 도출하는 경우도 굉장히 많다. 따라서 반드시 성과 목표를 설정하기 전에 미션부터 명확하게 이해하고, 그 미션을 책임지고 있는 부서와 실무자를 확인한 후 성과 목표를 설정해야 한다.

성과 목표가
출발점이 되면 안 된다

왜냐하면, 잘못된 성과 목표를 설정할 가능성이 크기 때문이다. 성과 목표를 도출하기 전에 반드시 우리 조직이 기대하는 역할인 미션부터 설정을 하고, 그 미션 범위 내에 부합되는 성과 목표를 설정한 다음에 이러한 성과목표를 달성하는 데 결정적인 영향을 미치는 C.S.F 확보하기 위해서 잘해야 하는 행동지표상의 행동을 도출하여야 한다. 그리고 나서 K.P.I 프로세스를 반드시 유지해야 한다. 직관적으로 K.P.I 도출하는 것이 아니라 반드시 이 흐름을 거쳐야 한다는 것을 꼭 기억하시기 바란다. 그렇지 않으면 이 K.P.I가 효과적으로 실행이 안 되거나 실질적으로 활용이 잘 안 될 것이기 때문이다.

K.P.I 선행지표의 의미

　예를 들어 자동차 보험회사의 상담원이 어떠한 이유로 잠시 자리를 비웠다고 가정하자.

　그리고 잠시 자리를 비웠을 때 자동차 보험회사의 고객이 교통사고를 당하여 급하게 보험회사로 전화를 하였다. 이때 단 10분만 상담원과 연결이 안 되어도 이 자동차 보험회사는 아마도 상당한 이미지 손상을 받게 될 것이라 예상된다. 여기서 후행지표는 '상담원의 근무 이탈률'로 볼 수 있다.

　어느 정도 관리체계가 구축된 회사라면 콜센터의 주요 K.P.I 지표로 이미 반영되어 있을 것이고, 선행지표로써 상담원이 근무이탈을 하게 되는 요인의 수준을 사전에 확인할 수 있을 것이다. 예를 들어 과중한 업무 부담, 급여 불만족, 전반적인 조직 만족도 저하 등을 예시할 수 있는데 이러한 요인들을 K.P.I 선행지표화 한다면 일 인당 전화 응대 건수, 경쟁사 대비 급여 수준, 상담원 조직 만족도 설문 점수 등이 될 것이다. 아직까지 많은 기업에서 K.P.I 지표의 정의나 관리가 미흡한 것이 현실이다. 그렇다면 이러한 지표들을 선행관리 하게 된다면 어떤 점이 좋아질 수 있을까? 한마디로 정리하면 '전사 차원에서 리스크 사전관리가 가능해진다.'라는 점이다. '측정하지 못한다면 관리할 수 없다.'라는 말이 있다. K.P.I 선행지표는 단순히 K.P.I 관리에만 정체되어 있는 많은 기업에 더 근본적인 인식 전환을 요구하고 있다. 리스크를 사전에 정의하시 못하면 측정도, 관리도 어렵다. 이뿐민 아니라 명확한 인괴관계 분석을 통해, 정확하게 K.P.I 선행지표를 설정하였다면 개선 방안으로 자연스럽게 연결될 수도 있을 것이다.

03

방침 관리

방침관리란
무엇인가?

방침관리의 유래를 『손자병법』에서의 "지피지기 백전불태(知彼知己 百戰不殆)", "도천지장법(道天地將法)" 또는 일본 제일의 사무라이 미야모토 무사시의 병법 철학서인 『오륜서(五輪書)』를 근거로 설명하는 이들도 있다. 공통점으로는 병법의 이론을 비즈니스에 적용하여 설명하고 있다는 점이다. 그만큼 현대의 비즈니스는 치열한 경쟁이 지속되고 있고, 승자만이 시장에서 살아남을 수 있다는 이야기일 수 있다.

일본 기업들이 2차 세계대전 이후 일본의 극적인 변화와 재건을 위한 노력과 혁신을 어떻게 할 수 있는지에 대한 아이디어를 널리 찾고 있었으며, 이때부터 방침관리라는 비즈니스 work flow를 적용시켜 왔다. 방침관리는 조직의 다양한 영역에서 불필요한 요소를 최소화하고 비즈니스 전략과 전술의 흐름을 세분화하여 실행 및 조정함으로써 비즈니스 목표를 달성 및 유지할 수 있도록 한다. 그리고 지속적으로 비즈니스 프로세스 개선을 하기 위하여 기획-실행-체크-표준화(P.D.C.A) 사이클을 통하여 프로세스 품질을 개선 및 유지하는 것을 기반으로 하고 있다. '방침'과 '관리'라는 단어는 각각 방향과 매니지먼트를 의미하며 '조직이 지향하는 방향을 관리하는 방법'또는 '경영을 올바르게 시행할 수 있도록 하는 방법' 등 폭넓은 의미를 가지고 있다.

1980년대 초부터 방침관리 기법은 일본에서 널리 전파되어 사용되고 있었으며, 주로 미국 기업의 일본 내 자회사였던 후지제록스와 휴렛팩커드와 같은 기업이 대표적 성공 사례를 보이게 되었다. 피터 드러커는 1980년대 일본 데밍상에 참여한 기업들로부터 얻은 사례를 바탕으로 성공적인 방침관리 기법의 하나로 수상한 기업들의 경영기법을 발표하게 되었는데 이때부터 '방침관리(Policy Management)'라는 용어는 일본뿐만 아니라 국제적으로 'Hoshin Kanri', 'Policy Management', 'Manage for Result'와 같은 용어로 폭넓게 사용되기 시작했다.

기업의 경영방침을 성공하기 위해서는 최우선으로 전략적 비전이 필요하다. 비전은 조직의 궁극적인 목표와 같으며, 비전이 회사의 미래 모습을 표현한 것이라면 전략은 그것을 달성하는 방법으로써 거시적 프로세스라고 할 수 있다.

저성장 경제, 세계화의 가속, 승자독식의 시장, 공장경제의 몰락 및 혁신경제의 도래가 몰고 오는 변화는 경제활동을 하는 모든 개체가 변화하지 않으면 생존할 수 없는 시대로 압박을 가하고 있다. 이미 시중에는 수많은 책과 글들이 나와 있지만, 비전과 미션뿐 아니라 가치, 목표, 목적의식 등의 용어가 혼재하면서 전략을 운영하는 실무자들을 혼란스럽게 하는 것도 사실이다.

비전은 기업의 거시적인 목표라고 할 수 있으며, 기업의 정체성을 나타내 주기도 한다. 국가의 정책전개를 각 부처를 통하여 전개하듯이 회사의 전략적 목표도 회사 내 모든 부서에 나누어 진행하게 된다. 방침관리는 일관성 없는 방향과 조직 내 잘못된 커뮤니케이션 또는 프로세스로 인하여 발생하는 생산성 저해 요소를 제거할 수 있기 때문에 조직을 올바른 방향으로 유지·발전하게 하는데 필수적인 관리 도구라고 말할 수 있다.

 전략과 전술은 직접적으로 성과를 얻게 하는 방법론이다. 하지만 거시적인 목표인 비전을 달성하기 위해서는 전략과 전술만으로는 어렵다. 왜냐하면, 성공적인 성과를 유지하기 위하여 개선된 프로세스를 표준화하여 정착시켜야 하고, 그 프로세스를 오래 유지하기 위하여 미션(사명)이 명확하게 정의될 필요가 있기 때문이다.

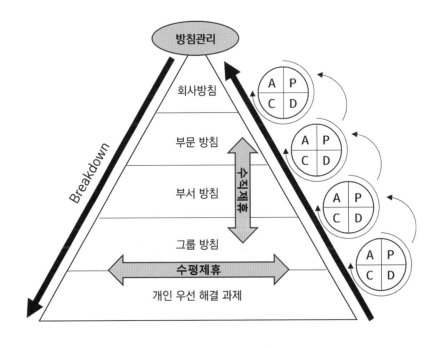

 기업은 전략적 목표를 명확히 정의해야 하며, 특히 목표는 3~5년 동안의 중장기 목표와 1~2년 단기 목표로 구분하여야 한다. 물론 단기 목표는 장기 목표를 달성하기 위한 중요한 과제이며 전략적으로, 중요

한 목표에 집중하기 위해 너무 많은 목표를 선택하는 것은 피해야 한다. 큰 목표는 다시 작은 목표로 세분화할 필요가 있으며, 주간 및 매월 기준으로 달성해야 할 일에 대하여 Action plan과 성과를 검토해야 한다. 또한, 연말에는 회사 전체적 Review를 통하여 성과를 측정하는 것도 프로세스의 핵심이라고 말할 수 있다.

방침관리는 경영진의 목표부터 조직원들이 수행하는 Action plan까지 하향식 접근 방식이다. 따라서 고위 경영진의 목표가 실무자까지 효과적으로 전달되도록 시스템을 갖추어야 하기 때문에 캐치볼 시스템은 전략 수립 시 효과적으로 활용된다. 캐치볼 시스템은 조직 전체의 목표, 피드백 및 기타 정보가 상하 간 양방향으로 원활히 자유스럽게 흐를 수 있어야 하며, 회의 및 커뮤니케이션을 통해 관리자와 직원 모두 이해가 필요하다

방침관리를 시행하는 회사는 데밍 Cycle(P: Plan, D: Do, C: Check, A: Action)과 같이 아이디어 개발, 계획, 구현 및 검토 프로세스를 따르는 경우가 많은데 현재 추구하고 있는 목표 활동뿐만 아니라 미래를 계획하는 방법에도 폭넓게 활용되고 있다.

방침관리는 회사의 전략이 모든 계층에 걸쳐 실행되도록 하기 위한 린(Lean) 관리 방법이다

먼저 린(Lean)의 의미에 대하여 알아보도록 하자.

린(Lean)은 비용을 절감하고 효율성, 생산성 및 품질을 개선하기 위해 가치를 창출하고 필요 없는 것들을 제거하는 것을 의미한다. 간단히 말해서, 린(Lean)은 우리가 어떻게 일을 하는지 살펴보고 가능한 한 많은 낭비 요소를 제거하여 고객이 가치를 얻을 수 있도록 추구하는 방법이다. 낭비 요소를 제거할 때 반드시 버리는 것만으로 국한하지 않고 불필요한 프로세스 또는 기능에서 가치를 추가하지 못하는 자원을 가져와 다른 곳에서 사용하는 것도 검토해야 한다.

목표는 낭비를 줄이고 고객에게 가장 큰 가치를 창출하는 것이지만, 린(Lean)은 직원과 조직에도 프로세스의 효율성을 높게 함으로써 품질이 개선되고 또한 프로세스가 가속화될 수 있도록 하여 오류를 줄이고 개선 효과를 높이도록 한다. 즉 프로세스의 효율성이 높아짐에 따라 프로세스에 소요되는 시간이 줄어들게 되고, 고객 만족도가 향상될 수 있는 것이다. 그러므로 프로세스 또는 업무에 접근하는 방식에 있어서 일자리를 없애거나 사원들이 하는 일을 평가절하하는 것이 아니고 낭비되는 요소를 프로세스에서 제거하여 사원들의 시간과 능력을 다른 프로세스에 투입함으로써 프로세스 품질을 더욱 향상할 수 있게 하는 것이다.

린(Lean)은 고객을 위한 가치에 초점을 맞추는 것 외에도 사람과 팀워크에 대한 지속적인 개선을 통하여 프로세스와 업무 문화를 변화시키고 점진적 개선을 추구한다.

린(Lean)은 낭비 요소, 고객 및 가치라는 세 가지 핵심 용어로 정의할 수 있다. 고객은 우리가 만들고 있는 것 또는 우리가 제공하는 서비스를 받는 프로세스의 맨 끝에 있는 단계이다. 가치는 고객의 관점에서 결정되며 또한 고객에게 가치를 추가하는 범위 내에서 실행되는 프로세스만이 의미가 있다. 따라서 낭비 요소는 고객에게 가치를 제공하지 않는 프로세스의 일부이며, 린(Lean)을 통한 제거 대상이기도 하다.

따라서 낭비와 가치를 파악하는 출발점에서 누가 우리의 고객인지 정확하게 정의할 필요성이 있다. 고객에게 어떠한 명시적 가치를 부여하지 않더라도 프로세스를 유지해야 하는 경우도 있다. 즉 가치를 만들지는 않지만 조직에 여전히 필요한 단계가 있다면 우리는 이러한 프로세스를 줄이려고 노력하거나 제거하는 것을 검토할 필요가 있다. 고객이 가장 많은 가치를 효과적으로 얻을 수 있도록 가능한 한 많은 불필요한 요소를 제거해야 한다. 프로세스에서 모든 불필요한 요소를 제거하는 것은 실질적으로 어려울 수 있지만, 가치를 생성하지 않는 프로세스를 모니터링하여 제거하는 것 외에도 프로세스를 통해 문제를 발생시키거나 흐름을 차단하는 상황을 모니터링하여 제거해야 하는 것도 고려해야 한다.

방침관리 기획

방침관리 방법은 7단계 프로세스로 요약할 수 있다.

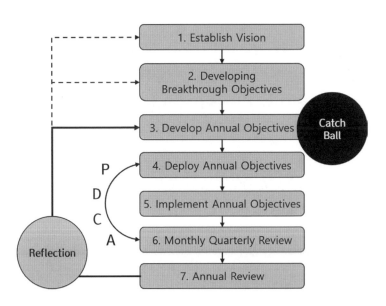

1) 회사의 Top management group은 '회사가 왜 존재하는가?'라는 질문에 대한 강한 비전을 구축해야 한다.

2) 또한, 주요 목표 또는 사명을 정의해야 한다. 회사의 주요 목표를 달성하기 위하여 조직의 주요 목표를 설정해야 한다.

3) 전략기획 팀은 Top management group과 함께 연간 목표로 세분

화해야 한다.

4) 연간 목표가 만들어지면 조직의 모든 계층과 부서에 '전달'해야 하며, 이때 Top management에서부터 각 직원까지 '목표 설정' 전달 프로세스가 필요하다.

5) 다음 단계로 실제 실행으로 옮기면 되는데 실행은 다음 두 가지와 함께 진행된다.

6) 월별 Review는 계획에 따라 실행되고 있는지 확인한다.

7) 연말에는 연간 Review를 통하여 최종 결과를 확인할 수 있어야 한다.

방침관리는 '경영방침(Management Policy)'에 바탕을 둔 것으로서 경영활동을 위한 방법론적인 것이다. 모든 기업은 경영방침과 운영계획을 가지고 있다. 그렇다면 경영방침이나 운영계획과 같은 활동과 '방침관리(Policy Management)'와의 차이점은 무엇일까?

아래에는 방침관리를 활용하는 대표적 이유다.

1) 방침관리는 전사적 품질경영(Total Quality Management)의 Main 프로세스로 자리 잡고 있다.

2) 방침관리는 다른 이론들과는 다르게 구체적인 관리 활동을 나타내고 있기 때문에 최고 경영자에서부터 최일선의 Manager까지 광범위하게 활용할 수 있다.

3) 방침관리는 Top-down 및 Bottom-up 모두 접근할 수 있도록 구성되어 있으며, 국제적으로 표준화된 TQM과 같이 매우 효과적인 Management Tool로 인식되고 있다.

방침관리의 정의

'방침(Policy)'은 기업이 요구 또는 희망하는 상태(desired state)에 도달하기 위해 수행해야 하는 전략적 나아가야 할 방향(Direction)이다. '방침관리'는 경영방침을 공유하여 모든 조직원이 기대하는 수준의 활동을 전개해 나감으로써 경영 목표를 달성하고, 그 활동에 대한 결과를 차년도의 사업계획에 반영시키는 경영활동이라고 할 수 있다.

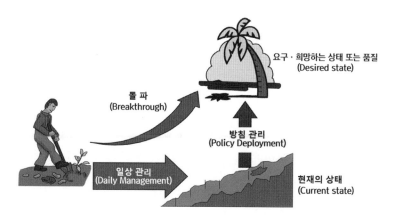

방침관리의 가장 중요한 부분은 지속적인 개선활동이다. 또한, 방침관리는 하향식 접근 방식이며, 목표를 성공으로 만드는 핵심요소인 지속적인 캐치볼 및 P.D.C.A를 통하여 이루어질 수 있다.

방침관리 캐치볼

사실은 방침계획은 엄격하게 다시 정의하자면 하향식 실행이 아니라는 것이다.

반대로 최적의 목표를 향해 관리자와 실무자 사이 상호 간 협업 및 노력하는 프로세스라고 할 수 있다. 캐치볼 콘셉트는 두 선수가 공을 주고받는 야구에서 나왔고, 두 선수는 경영진과 각 조직의 책임자들이라고 할 수 있다. 즉 회사 CEO의 목표는 각 조직의 책임자에게 계단식으로 목표를 하향 전달하게 되는데 이때 양방향 의사소통을 통하여 팀 리더 및 실무자에게까지 공유하게 된다. 그래서 캐치볼의 개념은 방침관리 모델의 핵심이라고 할 수 있다.

경영진이 실무자의 피드백을 먼저 수렴하지 않고 특정 목표 달성을 지시하게 되면 세부 사항을 놓칠 수 있으며, 추후 동기부여 및 비용이 더 많이 소진해야 하는 오류를 범할 수 있다. 그리고 방침에 따라 실행하는 실무자들과 목표를 논의할 때 실무자들은 경영진에 비해 세부 사항을 훨씬 더 깊고 자세하게 알고 있기 때문에 실질적인 캐치볼이 필요하며, 이러한 프로세스는 방침관리의 본질이 되는 것이다. 다시 말하자면 실무 레벨의 조직원까지 경영 목표와 전략이 잘 전달되고 현실적으로 합의된 목표를 갖게 함으로써 조직원들에게 오너십을 갖게 하는 동기부여가 가능하게 되며, 피드백 루프를 통하여 실행 프로세스에 집중하게 만들기 때문에 캐치볼이 중요하다는 것이다.

따라서 목적에 부합하는 목표를 정의하고 전달, 소통, 협상 등의 프로세스를 통하여 조직원 간의 캐치볼 프로세스를 진행하여야 한다. 진행 과정에 제안, 변경, 개선, 지원활동 계획에 대하여 어떻게 협업하고 어떻게 현재의 상황을 상위 수준까지 끌어 올릴 것인지에 대한 조직과 계층, 기능 간의 협상이 필요하게 된다.

캐치볼은 집단 합의에 이르게 할 뿐 아니라, 하향 전달방식과 달리 모든 계층의 모든 책임자는 자신의 역할을 이해하고, 팀 또는 조직원과 서로 상의하여 자율적 협업을 유도할 수 있다. 그리고 필요한 인적, 물적 자원의 요구 사항과 변경 사항을 상호 공유하고 다음 계획으로 옮길 수 있도록 유도해야 한다.

따라서 캐치볼은 초기 단계에서부터 프로세스의 일부로 포함해야 하는 매우 중요한 프로세스이기 때문에 계획 단계에서부터 연관된 모든 조직과 프로세스가 효율적으로 잘 조율될 수 있도록 해야 한다.

데밍사이클(P.D.C.A/P.D.S.A)은 지속적인 품질 개선 모델로 다음 네 단계로 구성된다

1. Plan: 전략 또는 실행안을 계획하고 결과가 어떻게 될지 예측한다.
2. Do: 계획안을 근거로 실행으로 옮긴다
3. Check: 실행 결과 또는 가설의 유효성을 검사한다
4. ACT: 실행 결과가 성공적이라 판단되면 표준화하고 표준화된 프로세스를 다시 적용한다.

P.D.C.A 모델은 지속적인 개선을 위한 과학적 접근 방법이며, 몇 가지 깊은 이해가 필요하다.

- P.D.C.A를 지속적으로 실행해야만 지속적인 개선을 할 수 있다. 따라서 몇 번의 P.D.C.A 사이클로 개선될 가능성도 있지만, 지속해서 반복하지 않으면 개선 가치가 축소될 수 있다.
- 우연히 결과가 발생하지 않도록 하며, 컨트롤이 제어될 수 있는 환경에서 실행하는 것이 중요하다. 왜냐하면, 실행 결과가 의미 있는 결과로 이어지지 않았다고 하더라도 실패의 결과를 향후 P.D.C.A의 근거로 삼을 수 있도록 해야 하기 때문이다.
- P.D.C.A를 실행할 때는 특정 영역만 최적화가 아닌 시스템적인 최적화

를 추구해야 한다. 로컬 수준의 최적화는 시스템 수준(W.I.P: Work in Process)에서 작업을 과도하게 또는 축소 또는 오류를 범할 수도 있다.

왜 방침관리?

누구나 쉽게 사업을 시작할 수 있지만 모든 시장에는 치열한 경쟁이 존재하고 있기 때문에 스마트하고 헌신적인 노력을 하는 기업만이 생존이 가능한 시대이다. 그렇기 때문에 기업은 신중하게 전략을 수립하고 끊임없이 도전과 실행을 반복적으로 해야 한다. 그리고 전략을 실행한다는 것은 전사 직원들이 동참하여 같이 실행한다는 의미이며, 기업 문화로도 안착되어야 한다.

예를 들면, 수천 명의 사람이 매일 수천 개의 작업을 수행하는 대기업의 입장에서는 큰 목표와 전략이 없는 상태에서 개인별 작업을 열중하는 것은 겉으로는 역동적으로 보일 수 있으나 기업의 입장에서 큰 그림을 쉽게 잃을 수 있다.

방침관리가 효과적으로 구현되기 위하여 경영진은 비전과 도전해야 할 목표를 명확히 제시하고 조직 간에 상호 협업을 보장해야 하며, 성공적인 방침활동을 위해 필요한 수단과 도구를 제공하여 각 조직 단위로 구체적인 목표를 제시하고 전달해야 한다.

즉, 방침관리를 통하여 조직과 시책을 정렬함으로써 전략과 실행 사이의 격차를 해소해야 한다.

방침관리를
구현하는 방법?

방침관리 프로세스의 목적은 적정한 기간(장기, 중기, 단기, 회계연도 등) 내에 Plan, Do, Check, Action Cycle을 실시함으로써 기업의 목표를 효과적으로 달성하기 위한 것이다.

다음과 같이 방침관리를 두 가지 형태로 설명할 수 있다.

- 경영 Vision에서부터 중·장기 운영계획뿐만 아니라 연도방침 및 모든 전략의 전개를 포함하는 전체적인 프로세스
- 최고 경영자의 연간방침이 설정되고, 각각의 부문에서 전개되며, 검증 및 보완하는 Management 프로세스

두 가지 모두 조직 내에서 방침을 전개하여 목표를 달성하기 위한 프로세스이며, 모든 연간 목표를 주간, 월간 및 분기별 목표로 나누어 관리될 수 있도록 해야 한다. 그러기 위하여 월별 및 연간 기준으로 결과에 대하여 엄격한 Review가 필요하다.

방침관리의 전략

방침관리에서 '방침'은 목표를 설정하고 대책을 세움으로써 구체화된 운영계획이나 전략을 나타낸다.

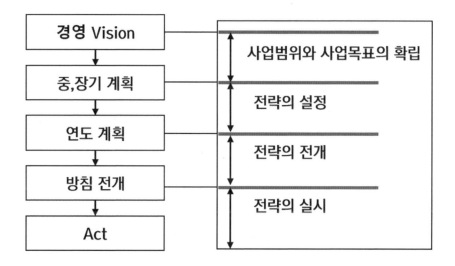

많은 기업은 Business 환경 변화에 유연하게 대저하기 위해 경영환경을 기반하여 경영전략과 중·장기 계획을 설정해야 한다. 따라서 경영전략은 기업이 급변하는 환경 속에서 생존하기 위한 나침반과 같은 것이며, 경영자에게 매우 중요한 활동이다. 또한, 중·장기 계획과 경영전략은 독립적으로 존재하는 것이 아니며, 기업의 경영 Vision이나 연도계획, 예산과도 서로 매우 밀접한 관련이 있다. 그러나 경영전략이 논리적으로 전개되어야 함에도 불구하고 많은 경우 논리적으로 전개되지 못한 경우가 많다.

- 전략과 운영계획은 사원들에게 충분한 명분이 있으며 설득력이 있는가?
- 목표를 실현하기 위한 대책은 구체적이고 명확하며, 실무부서의 관리 프로세스와 연계되어 있는가?
- 경영전략이 성과를 거두기 위하여 전략 전개는 시기적절한 방법으로 실행되었는가?
- 결과를 경영품질로 향상시키기 위해 표준화 및 공유지식으로 축적하였는가?

위와 같은 문제점을 해결하기 위하여 경영방침, 부문방침, 개인시책은 방침관리의 핵심으로써 기업 문화로 안착되어야 하며, 시책(Policy)과 대책(Measure)으로 구분하여 관리되어야 한다. 이러한 방법은 매우 효과적이고 능률적인 관리방법으로 검증된 바 있다.

방침관리의 구조

방침관리는 경영방침(장기방침, 중기방침, 연간방침)과 부문방침이 있다.
(기업에 따라서는 장기방침, 중기방침이 설정되어 있지 않는 경우도 있다.)

기업의 방침관리는 'Mission Statement', 'Shared Values', '경영 Vision'에 근간을 두며, '최고 경영자의 연간방침'을 달성하기 위해 P.D.C.A Cycle에 따라 실행된다.

'장기방침 계획' 또는 '중기방침 계획'에 따라 경영전략과 사업전략을 설정하고, '최고 경영자의 연간방침'에 따라 구체적인 Action Plan을 수립하여 각 부문에서 전개한다.

방침관리 Structure

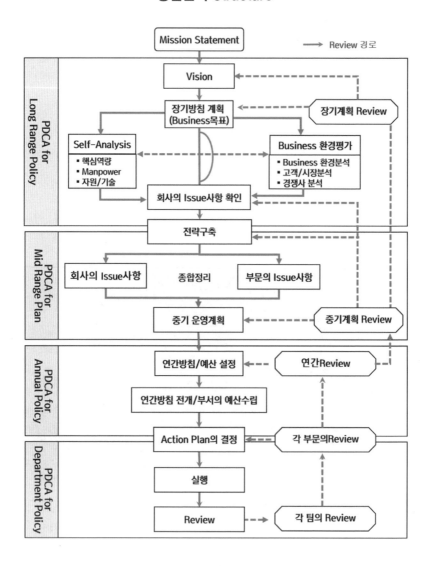

반면, 부서에서의 방침관리는 원칙적으로 상위 관리자가 설정하는 사업전략과 직무상 기본전략에 바탕을 두어야 하며 '부문의 방침'은 부서의 특별한 이슈를 포함하여 설정해야 하고, P.D.C.A Cycle을 통해 '부문방침'을 실행하여야 한다.

경영방침·운영계획의 결정

종종 장기방침, 중기방침 운영계획, 최고 경영자의 연간방침은 기획 조정실과 같은 조직에서 기초가 구성되며 경영회의에서 협의가 이뤄지고 나서 모든 부문의 Manager에게 전달된다.

1) 장기 경영방침

장기 경영방침은 향후 5~10년 정도의 미래 경영 Vision을 달성하기 위한 경영의 방향성(Management Direction)과 전략으로, 아래와 같은 내용이 포함되어 있다.

	정 의
비전 (Vision)	조직이 달성하고자 하는 이상적인 미래에 대한 공유된 꿈 Ex) 아마존, 우리의 비전은 가장 고객 중심적인 회사가 되는 것입니다 언제든지 사람들이 온라인으로 구입 하려는 모든 것을 찾을 수 있는 시스템을 구축하는 것 입니다.
미션 (Mission)	기업의 존재의 이유이자 고객에게 어떠한 가치를 제공하겠다고 약속하는 선언문. Ex) 구글의 사명은 '전세계의 정보를 조직해 누구나 쉽게 접근하고 사용할 수 있도록 하는 것'이다.
목표 (Goal)	비전을 달성하기 위해 설정한 이정표 Ex) 우리는 2012년 말까지 100억 달러의 매출을 달성해야 합니다

꿈은 비전과 어떤 점에서 다를까?

비전이란 조직의 미래에 대한 신나는 꿈이다. 그리고 꿈의 주체는 개인이지만, 비전의 주체는 기업을 포함한 조직이다. 그리고 꿈이나 비전은 단기적으로 쉽게 달성될 수 없는 이상적인 결과 혹은 상태이기 때문에 이를 이루기 위해 노력하는 과정에서 달성 가능한 이정표를 세운 것을 목표(goal)이라 부른다. 미션은 말 그대로 그 조직이 존재하는 이유 또는 고객에게 어떠한 가치를 제공하겠다고 약속하는 일정의 선언문이다.

비전과 미션 두 가지를 적당히 결합해 놓거나 단순히 목표를 써 놓고서 이것을 비전이나 미션으로 착각하는 경우가 종종 있다. 여기서 중요한 것은 비전과 미션이 조직의 발전에 도움이 되려면 조직원 모두가 이를 공유하고 이해하며, 한 방향으로 나가야 한다는 것이다.

조직이 나가야 할 방향을 명확히 이해하지 못하면 단기간에 달성해야 할 목표와 상충되고, 심지어 서로 방해될 수 있다. 이렇게 되면 비전은 단순히 미사여구나 공허한 슬로건으로 전락하게 될 것이다.

따라서 좋은 비전은 이상적인 미래를 구체적이고 적절하게 표현해야 한다. 또한, 우리는 있는 힘을 다해 이런 기업을 만들겠다는 바람직한 미래가 담겨 있어야지 구체적인 숫자, 특히 매출액을 언제까지 달성하겠다는 목표가 담겨 있어서는 안 된다. 구성원들이 이를 통해 회사에 대한 자긍심을 느끼게 하여야 하며, 자신의 업무에 몰입할 수 있는 이유를 주어야 한다.

2) 중기 운영계획

중기 운영계획은 경영 Vision과 장기 경영방침을 실현하기 위하여 회사의 중점 이슈사항을 명확히 설정하고, 달성하기 위한 전략을 수립하며, 자원을 할당한다. (아래 예시 참조)

1. 시장 확대 전략

2. 새로운 채널을 통한 마케팅 전략

3. Target 고객의 새로운 정의

4. 제품 및 새로운 서비스 확대 전략

5. 경쟁사 대응 전략

6. 인력 및 시설 확충 계획

7. 새로운 기술 플랫폼으로 마이그레이션

8. 자금 조달 계획

9. 매출 증대 계획

10. 이익 및 마진 개선 전략

3) 최고 경영자의 연간방침(Annual President's Policy)

전년도 및 중기 운영계획의 성과에 대한 Review를 바탕으로 차년도에 고려해야 하는 경영 방향(Direction)과 중점활동이 경영 의지로서 최고 경영자의 연간방침에 반영한다.

4) 연간 예산(Annual Budget)

중기 운영계획과 최고 경영자의 연간방침에 대한 전략과 실행 항목을 구체적으로 수행하기 위하여, 투입되어야 할 자원도 연간 예산에 반영되어야 한다. 대부분의 경우 경영기획부 또는 재무팀에서 발행하는 예산 가이드에 따라 Action Plan과 연간 예산을 수립한나. 이러한 예산은 경영회의에서 최종 결정되며, 그 결과는 각각의 부문에 통보한다.

5) 경영방침을 설정하는 연간 프로세스

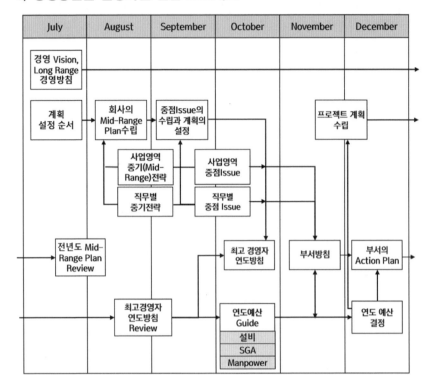

경영방침을 설정하기 위하여 경영층은 우선 연간 계획이 어떻게 설정 되었는지 확인해야 하며, 방침 전개부터 6개월 반기 Review 또는 연간 Review를 다음 회계연도가 시작되기 3개월 전까지 완료되어야 한다. 부문방침은 회사의 경영방침이 수립된 후에 설정되어야 하며, 마찬가지로 Review는 연도 말까지 실시해야 한다. 또한, 이러한 사이클은 예산 계획과 함께 연계할 필요가 있다.

6) 최고 경영자 연도방침의 확인

최고 경영자 연도방침은 기획부서에서 다음과 같은 방법으로 확인한다.

- 연초에는 부서 Level 방침을 확인한다.
- 연중에는 부서별 6개월 반기 Review를 실시한다.
- 연말 예측 실적을 기준으로 부서의 연간 Review를 실시한다.
- 다음 해 전체적인 종합 Review를 실시한다

최고 경영자의 진단

방침관리에 있어서 특징 중의 하나는 '최고 경영자의 진단'이라고 하는 프로세스다. 최고 경영자는 각 부문에서 연도방침이 P.D.C.A를 통해 어떻게 전개되고 있는가를 확인하기 위해 부문이나 현장부서를 방문한다. 이것은 마치 의사(Doctor)의 입장이 되어 부문이나 현장 조직을 청진기를 대고 진단하는 것과 동일하다.

1) 최고 경영자 진단의 목적

- 최고 경영자의 방침이 조직 내에서 어떻게 전개되고 있는가를 확인할 수 있다.
- 최고 경영자는 방침활동의 현상을 파악함으로써, 경영상의 문제점이나 이슈사항을 찾아내어 확인할 수 있다.
- 보다 나은 개선을 위해 문제점과 이슈사항을 추출함으로써 방침관리를 평가할 수 있다.
- 최고 경영자의 관점에서 각 부문에 조언을 해 줌으로 부문의 활동이 정확한 접근방법을 바탕으로 P.D.C.A Cycle을 행하고 있는지 확인 및 지원을 할 수 있다.

2) 최고 경영자 진단하는 방법

최고 경영자의 진단 횟수와 시기는 기업의 규모, 방침관리의 전개 정도, 진단의 목적에 따라 다르다. 이러한 진단의 횟수는 연간 3회 정도 (회계연도 초, 회계연도의 중반, 회계연도의 말) 실시하는 것이 가장 바람직하다. 그러나 중요한 것은 그러한 진단을 준비하는 데 있어서 각 부문이나 현장부서에 또 다른 부담이나 짐이 되어서는 안 된다. 만일 부문이나 현장부서에 부담이 된다면 프로세스는 형식에 그치게 될 위험이 뒤따르게 되기 때문이다.

3) 진단 항목

진단에 포함되는 항목은 다음과 같다.

- '방침 내용', '방침 전개 결과', '중점 Action Item의 이슈'
- 개선활동 결과
- 영업 및 서비스 사업장 방문 (사업장 인원과 대담)
- 질의와 응답
- 코멘트

4) 진단에 대한 조치

진단 후 관련된 부서는 최고 경영자에게 받은 코멘트와 지시사항 중 개신 조치해야 할 사항을 회사 진반적인 이슈와 부서 이슈로 구분하고 부문에서는 지적받은 사항에 대한 개선방법을 고려해야 하며, 필요에 따라 부문의 중점 Action Item으로 설정한다.

방침관리의
기본 개념

　방침관리는 아래에 나타낸 Management Cycle이다. 방침관리의 최종적인 목표는 개선된 성과를 얻는 것이지만, 이것은 또한 업무 품질을 지속적으로 개선하기 위해 운영 프로세스와 시스템을 향상시키려는 목적도 같이 포함되어 있다.

　아래에는 방침관리를 수행하기 위한 세 가지 기본 개념이 설명되어 있다.

1) P.D.C.A Cycle의 중요성

　T.Q.M Management는 P.D.C.A Cycle을 통해 목표를 관리하는 것을 의미한다. 바꿔 말하면 P.D.C.A Cycle을 통해 방침관리를 해야 한다는 의미이며, 관리수준이 향상됨과 동시에 관리능력도 향상될 수 있도록 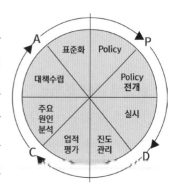 P→D→C→A→P→D→C→A→P→D→C→A와 같이 P.D.C.A Cycle을 끊임없이 반복하여야 한다.

2) 프로세스의 중요성

방침관리에서 목표와 결과뿐만 아니라 결과에 대한 요인과 프로세스에 대해서도 주목을 해야 한다. 즉, 다양한 결과는 다양한 프로세스로 인한 것이기 때문이다. 따라서 목표와 대책, 결과에 대한 업무 특성치를 사전 설정하여야 한다. 좋은 결과를 낳은 주요 요인과 프로세스는 차년도의 일상활동으로 표준화되어야 하며, 동시에 나쁜 결과를 낳은 주요 요인과 프로세스는 재발을 방지하기 위하여 개선하여야 한다.

3) 사실에 근거한 관리의 중요성

경영품질 향상을 위해 방침관리를 할 때 그 결과는 조직의 공유지식으로 쌓이게 된다. 그렇게 하기 위해서는 솔직하고 합리적인 Review가 매우 중요하다.

Review를 실시할 때 다음 계획에 착안하기 위하여 나쁜 프로세스로 판단된 것은 세밀히 검토해야 하며, 이러한 연계활동은 조직의 지식과 경험으로 축적될 뿐 아니라 관리능력으로도 신장될 수 있다. 또한, 효과적으로 Review를 하기 위해서는 사실에 근거한 객관적인 Data를 통하여 사실 확인하는 것은 필수적이다.

방침의 의미

일반적으로 방침은 업무활동에 대한 시책과 평가를 의미한다. 또한, 기업에서 말하는 방침은 작업방법 또는 프로세스 설정 방향이라고도 할 수 있으며, 경영방침의 의미에는 기업 목표를 달성하기 위한 이상적인 방법과 목표 수정 또는 개선활동 방법 등이 함축되어 있다.

방침을 검토함에 있어 단지 시책에만 초점을 맞춘다거나 시책을 전개하는 방법에만 초점을 맞추는 것은 주의해야 한다. 방침 설정에 있어서 가장 중요한 요소는 어떻게 시책을 달성할 것인지, 시책을 달성하기 위한 최선의 방법은 무엇인지, 그리고 이러한 방법이 실제 시책을 달성하기 위한 최선의 방법이었는지를 확인하는 것이다.

아래에는 방침 설정에 있어서 두 가지 종류의 시책을 보여주고 있다.

A) 비즈니스 임팩트의 주요 요인과 최우선 해결 항목의 시책 (원인 추구형)

B) 방침에 근거한 비즈니스 목적을 달성하기 위한 시책 (목적 추구형)

일반적으로 A Type의 시책은 중·장기계획이나 운영계획의 수치 목표에 근거하여 설정하며 또는 법규나 국제적인 합의 등과 같이 사회적인 요구에 부응하기 위해 활용하기도 한다. 부서에서 방침을 설정할 때 A Type의 시책에는 매출이나 이익, 감소량, 감소율, Sales Volume과 같이 실적과 괜련이 있는 목표(Objective)를 우선시하는 경향도 있다. 상위 관리자는 이러한 업적과 관련이 있는 시책을 근거하여 달성방법을 제시하고, 그 시책을 목표 달성을 위한 방침으로 설정한다.

B Type의 시책은 A Type의 시책을 달성하기 위하여 활용하기도 한다. 따라서 설정한 방침이 이상적인 상태로 실현되는 것을 목표로 작성되어야 하며, 비즈니스 프로세스 전반적 영역을 검토해야만 된다는 것을 간과해서는 안 될 것이다.

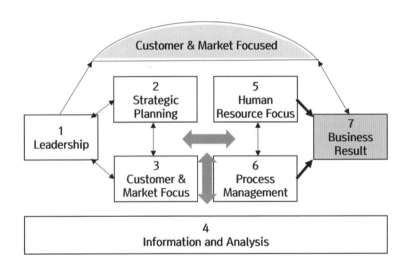

방침설정

XXX공장 Manager방침

⟨Direction⟩
고객의 Needs에 유기적으로 대응하기 위하여 Q.C.D를 통해 생산공정을 수립하자.
(QCD를 통하여 생산공정의 각각의 역할 정립)
향후 5년이내 기업환경 변화에 대응하는 기반을 마련하기 위하여,
우리의 노력과 능력을 집중시키자. (밝은 전망을 갖기 위한 근거 설정)

중점시책 / Action Item	관리 특성	Target
1. ODP 시장도입을 위한 토대 확립		
1) ODP생산의 Trial Start. (제조기능의 확장)	제안횟수	10회 이상
2) Channel에 공급된 상품에 대해 좀더 유연성 있게 대처	Product Mix 변경 범위 재고일수	±50% XX days
2. 새로운 Coating공장의 안정적인 운용	납기	Metal Line: DD/MM/YY

YYY Marketing Manager 방침

⟨Direction⟩
목표를 달성하여 새로운 비즈니스 시장 공략 기반을 구축한다.
1. 자율적인 활동 ⎤
2. 능률적인 활동 ⎬ 은 일상업무를 달성하기 위한 Slogan.
3. Self -Study ⎦

중점시책	중점 Action Items	관리 특성	Target
매출: 4,000 M 엔	1. Printer Marketing 강화	Printer 판매 대수	3,200 대
이익: 1,000 M 엔	2. A Type Product인 Color Printer 판매 Promotion강화	Color Printer 판매대수 A type product 판매대수	400 대 50 대
	3. Partner Support System 강화	매출OP달성율	70%

방침의 구조

방침은 비즈니스 방향(Direction), 중점 시책(Prioritized Objectives), 중점 Action Item(Prioritized Action Items)으로 구성되어 있다.

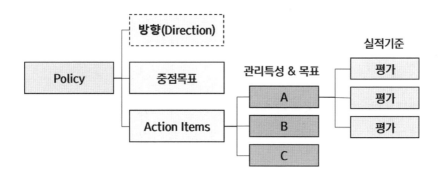

비즈니스 방향(Direction)은 목표(Objective)를 달성하기 위한 각오나 의지라고 할 수 있다. 비즈니스 방향(Direction)은 향후 활동의 토대가 되므로 반드시 그 의도나 목적을 명확히 설정하는 것이 필요하다. 그러나 여러 부문의 많은 Manager가 서로 다른 의지를 가지고 있다면 혼란이 있을 수 있기 때문에 하위 관리자 Level에게는 비즈니스 방향(Direction)을 설정할 수 있는 권한을 주지 않고, 중점 시책과 중점 Action Item을 부여하게 된다.

시책(Objective)에는 세 가지 형태가 있다.

- 방침을 설정하기 전에 미리 결정되는(예산에 의해) 운영 목표
- 운영 목표를 달성하기 위해 선행 목표 설정
- 실행 목표에 대해 선행되어야 할 시책

예를 들면, 기업의 연간 매출액과 이익은 최고 경영자의 운영 목표에 설정된다. 그리고 운영 목표나 중·장기 계획을 달성하기 위한 선행되어야 할 목표에 대하여 심사숙고해야 할 필요가 있다.

그러나 운영 목표가 중점 목표(Prioritized Objective)로 되는 경우도 있는데 한 예로 Marketing 관리자가 중점 시책으로 '판매계획의 달성'이라는 과제를 설정하고, 목표치로서 '판매 목표'를 설정하는 경우가 될 수 있다.

대부분의 경우 상위 관리자에 의해 설정되는 운영 목표는 상위 관리자가 관리하는 하위부서를 통하여 전개되는 것이 일반적이다. 그러므로 방침을 설정하고 전개할 때, 방법과 순서는 상위 Level의 방침을 달성하기 위한 시책이 되어야 한다. 하지만 중점 목표와 중점 Action Item을 구별하기 상당히 어려울 때가 있다. 왜냐하면, 그 평가척도가 서로 비슷하기 때문인데 조직원이 쉽게 이해한다면 굳이 시책과 Action Item을 구분할 필요까지는 없을 것 같다. 목표(Objective)는 관리특성과 Target으로 구성되어 있다. 중점 Action Item은 중점 시책을 수행하기 위한 방법으로써 선행되어야 할 Action이므로 효과를 평가하는 척도 또는 기준이 마련되어야 하고 목표에 대한 관리특성 또한 선정되어야 한다.

방침 설정에 있어서
용어의 정의

아래는 방침관리에 자주 사용되는 용어에 대한 설명이다.

1) 방향(Direction)

방향(Direction)은 부서와 조직원이 동일한 목표를 향해 나아가야 하는 방향.

2) 중점 목표(Prioritized Objective)

중점 목표는 기대하는 비즈니스 결과를 말하며, 그 효과를 평가하기 위해 관리특성이나 Goal을 활용한다. 또한, 중점 목표란 요구되는 일정한 기간 내에 달성해야만 하는 핵심 목표이기도 하다.

3) 중점 Action Item(Prioritized Action Item)

중점 목표를 달성하기 위한 여러 가지 Action Item 중에서 가장 핵심이 되는 Action Item으로써 비즈니스 목표를 달성하기 위해 필요한 활동이다. 관리특성을 근거로 목표대비 실적을 평가하거나 효과를 파악한다.

4) 평가(Measure)

평가는 모든 Action을 특성화하여 열거한 후 목표 대비 결과(효과)를 측정하기 위해 실행된다. 목표와 평가는 항상 같이 연관하여 생각하여야 하며, 평가는 목표를 달성하기 위한 하나의 프로세스다. 하지만 평가 항목이 매우 특수한 어떤 것이라면 평가하는 방법 역시 심사숙고해야 한다.

5) 관리특성(Control Factor)

경영활동에서 관리특성은 경영활동의 성공과 실패를 구분하는 평가 요소라고 할 수 있다. 다른 특성보다 중요한 항목을 '중점 관리특성'이라고 하며 또한 방침이 바뀌더라도 일상 관리 속에서 변하지 않는 특성을 '일반 관리특성'이라고 한다. 관리자의 Level에 따라 권한과 책임은 달라지며, 관리 범위도 바뀌게 되는데 상위 관리자와 하위 관리자와의 목표와 실행은 상호 관련이 있으며 상위 관리자의 관리특성은 '결과'로 되고 동시에 하위 관리자의 관리특성 '근거'로 작용된다.

6) 관리특성의 중요성

방침관리를 수행할 때 관리특성으로서 주요 Factor를 설정할 필요가 있다. 안정적으로 P.D.C.A Cycle을 운용하기 위해서 '계획 대비 결과'를 어떻게 평가하고 확인할지를 생각하여 달성 목표의 측정항목을 명확하게 설정하는 것이 중요하다.

따라서 어떠한 유형의 관리든지 관리특성이 필요한 것이며, 방침관리뿐만 아니라 일상관리도 관리특성이 설정될 필요가 있다. 특히, 방침관리는 관리활동을 최적화하기 위하여 관리특성 설정은 매우 중요한 부분이다.

따라서 관리특성은 측정 및 평가할 수 있어야 하며, 정량적으로도 표현할 수 있다면 가장 이상적일 것이다. 측정 결과를 보다 명확하고 객관적으로 표시되도록 성과의 특성치를 수치로 설정하여 보자.

그러나 모든 결과를 양이나 수치로 평가하는 것이 쉬운 것이 아니다.

이유:

a) 무형적인 활동이 있다.

b) 결과에 따라 한 가지의 특성으로는 측정할 수 없다.

c) 논리적인 평가는 가능하지만, 기술적인 평가는 어렵다.

d) 짧은 기간 내 측정될 수 없다.

이러한 이유로 관리특성을 설정하는 데 어려움이 따르기도 하다.

특히, 관리특성은 정량적 숫자로 측정하기 곤란한 업무를 담당하고 있는 Staff 부문에 대해 평가를 할 때 실제로 어려울 수 있다. 왜냐하면, 관리특성은 '납기'나 '횟수'와 같이 주로 숫자로 되어 있기 때문인데 그럴 경우 또 다른 각도에서 평가하기 위한 관리특성을 설정해야 한다.

Control Factor설정이 용이한 중점시책	Control Factor설정이 어려운 중점시책
• 영업이익 달성 • Claim건 감소 • 신상품에 대한 초기 Cost target달성 • 신상품 영업 전개	• Marketing 프로세스 Management의 강화 • 정보의 조직화를 위한 방안 • 잠재력있는 종업원의 발굴 • 문제점 재발을 방지하기 위한 대책수립 • Team활동의 강화

연간 방침의
설정 순서

연간 방침의 설정에 있어서 실무자를 참여할 수 있도록 하여 관련 부분의 이슈사항에 대해 상호 의견을 교환할 수 있는 충분한 시간을 가져야 한다.

1) 방침에 포함되어야 하는 문제점과 이슈

방침을 설정할 때 현재의 상태, 즉 현상은 다음의 5가지 Category에 따라 분석하여야 한다.

- 상위자 방침과 주요 전략

  상위자 방침이나 조직의 방침에서 자기 조직에서 전개해야 하는 사항은 무엇인가?

- 전년도 Review-I

  부문의 방침 Review 시 성과는 무엇인가?

- 전년도 Review-II

  일상관리 속에서 불만족이나 불량과 같은 중요한 이슈사항이 있는가?

- 가정/Benchmarking

  향후 예측되는 문제점은 무엇이며, 사회적인 변화, 고객의 변화, 경쟁 환경의 변화에 따른 문제점은 무엇인가? Benchmarking 활동으로 얻은 것은 무엇인가?

– 향후 계획(Future Plan)/예측(Forecast)

자기 조직의 중·장기계획을 실행하기 위해 무엇을 해야 하는가?

위와 같은 분석을 기본으로 문제점과 이슈사항을 확인해야 한다. 진년도 Review는 방침 설정에 있어서 반드시 필요하며, 전년도 Review는 원인을 명확하게 파악하기 위하여 평가뿐만 아니라 결과값을 확인해야 한다. 좋은 결과를 얻었을 경우라 할지라도 좋은 결과를 얻게 된 요인을 파악해야 한다. 이러한 Review가 없다면 지식이나 시책사항, 대책 등은 단지 일시적인 효과로 그치게 될 것이며, 조직의 공유지식으로 쌓이거나 공유할 수 없게 된다.

2) Policy Interactive Chart의 작성

방침설정 시 Policy Interactive Chart를 작성하는데, 보통 다섯 개 Category 간의 상호연관을 나타내는 Policy Interactive Chart는 문제점과 이슈사항을 도출해 내기 위하여 도움이 될 것이며, 설정된 방침을 확인 검토하기에 용이하게 한다.

부서장용 Policy Interactive Chart

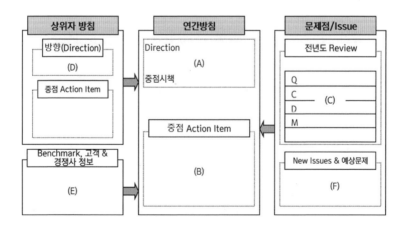

- 전략의 방향(Direction)과 중점 시책에 따른 부서에서 추진해야 할 전략의 방향성을 요약
- (A)를 실현하기 위한 핵심 활동 내용
- 전년도 Review 결과를 Q.C.D.M(Quality, Cost, Delivery, Management)으로 분류 요약
- 상위자 방침
- Benchmarking 정보, 고객, 경쟁사 정보를 작성
- Review를 통하여 발견된 Issue와 문제점을 정의하고 해결하기 위한 향후 계획이나 가설 도출

또한, Policy Interactive Chart에 방침의 전반적인 개략도와 회사를 둘러쌓고 있는 환경과 연관성을 나타냄으로써 방침의 설정배경과 근거를 알 수 있다.

앞의 도표가 Policy Interactive Chart의 기본 Pattern이다.

3) 방침의 문서화

다음 단계는 방침의 문서화이다. 방침서와 Action Plan, 관리특성 List와 같은 문서는 회사 전체적으로 동일한 폼을 사용하기 때문에 문서가 지극히 형식적으로 작성될 우려가 있다. 따라서 문서가 형식적으로 작성되는 것을 방지하기 위해 방침서 세부내용까지 작성 방법을 규정하지 않는 것이 좋다.

상위자와 하위자가 함께 정보를 공유할 수 있도록 방침서 내에는 방향(Direction), 시책, Action Plan, 중점 Action Item, 달성 Target 및 담당자(P.I.C)가 포함되어 있어야 하며, 이 문서의 목적은 방침을 보다 확실하게 공유하기 위한 것이다. 일단 Action Plan이 작성되고 나면 최

일선 관리자는 임의로 방침을 수정해서는 안 된다.

4) 중점 Action Item의 설정과 하위자에 대한 동기부여

방침을 문서화할 때 염두에 두어야 하는 것 중의 하나는 Action Item 설정과 이슈사항에 대하여 하위자에게 책임을 부여하는 것이다. 시책의 종류에 따라서는 중점 시책을 달성하기 위해 여러 Action Item을 설정할 필요가 있으며, 상위자는 시책을 달성하기 위해 가장 중요한 Action Item을 선정해야 한다. 선정된 중요 Action Item을 제외한 나머지 Action Item의 대책사항은 실무자에게 권한을 위임한다. 만약 모든 세부적인 대책사항까지 상위자가 결정하기로 한다면 보다 완벽하고 안정적이라고 느낄지는 몰라도 실무자에 대한 권한 위임이나 조직의 자율성 측면에서 상반되기 때문에 방침의 실행이 효과적으로 전개되지 않을 수도 있음을 기억해야 한다.

원래 방침관리는 토론과 'Catch-Ball'을 통해 상하 간의 관리가 일치·조화가 되도록 해야 한다. 따라서 중점 Action Item을 강제로 설정하지 말고, 실무자들의 적극적인 참여를 장려하기 위해 최소한의 지시만 하는 것이 중요하다.

'Catch-Ball'을 통하여 문제점을 파악하고 원인을 분석하며, 실무자들 간의 토론을 통해서 고객 접점과 회사 내 프로세스에서 이띠한 현상이 발생하고 있는지 관찰하는 것이 중요하다. 토론의 Point는 단지 Review나 결과만을 확인하는 것이 아니라 문제점에 대한 원인 분석 및 차기 방침에 어떻게 반영할지도 심사숙고해야 한다.

II 방침 설정

연간 방침과 관련 정보 간의 상호관련성을 나타내는 XX 부서 Staff의 Policy

Interactive Chart

'00년도 XX Center 중점시책

1. 신상품에 대한 원가계획과 판매 촉진책 수립.
2. 원가에 대한 평가기능의 강화
3. 원가에 대한 전략과 중기계획 실시
4. 보다 나은 CMC달성

'00년도 Review결과(Issue)

1. Total Cost Management를 위해 System과 CMC의 재편 예) Service Cost & R&D
2. Benchmarking활동의 실시
3. 중기 계획의 XXXX전략을 충족시키기 위한 능력강화
4. 그룹차원 VE활동을 위한 계획과 VE Route의 강화
5. Total Cost, 재활용, Global Standard에 대한 평가방법의 확립
6. 적절한 Manpower 배치와 개인의 Career Plan에 따른 역량 개발

'00년도 XX Center 방침

방향
새로운 영역에 도전하기 위해 각각의 기능을 연마하며 프로의식을 갖고 비용을 감소하여 매출달성에 이바지합시다.

중점시책
1. 신상품에 대한 원가절감 계획
2. 회사의 매출을 확보하기 위해 원가전략과 중기계획 추진
3. 매력있는 환경제공

'00년도 XX Center 중기계획

기본방침
원가관리의 강화와 함께 새로운 영역에 도전할 수 있는 조직원을 육성한다. 이익을 창출하기 위해 끊임없이 Total Cost 감소활동의 폭을 넓힌다.

중점전략
1. 중기 이익확보를 위한 계획과 실시.
2. Total Cost관리 측면에서 Benchmarking활동 확대.
3. Total Cost관리를 위해 원가계획을 혁신한다.
4. VE(Valuable engineering)로 구성된 Group을 만들고 VE활동 기준설정
5. Cost평가 기능의 완수.
6. 원가 관리를 위해 설비시설 조절을 통한 생산성 혁신.

'00년도 중역 방침

TQC의 주요 3가지와 강한 제조 부문이 되기 위한 균형 Line에서의 문제점…
공통Parts 공유로 Cost 감소 Process개선을 통한 업무 혁신.
Staff는 경영자뿐만 아니라 Line으로부터도 신뢰를 얻어야 한다.
Staff(CMC)에게 기대하는 것 운전비용과 유지비용을 포함한 Total Cost에 대한 Benchmark 실현.
종업원 만족도 및 사기 향상.

'00년도 XX Center 경영방침

Direction
신속한 Digital화와XXX의 진행을 바탕으로 능력을 키우고 기술 혁신뿐만 아니라 모든Business 영역에서의 Network, Color화를 발전시킨다.

중점시책
Group을 지원하기 위한 XXX Technology확립.
시장의 Needs를 반영하기 위해 OOO를 강화.
제조, 개발의 Global화 토대 확립.
New 품질 보증 System의 확립.

'00년도 최고 경영자 방침

Direction
XXX를 실현하고 YYY System과 Service를 Global하게 제공하기 위해 핵심기술 확립 및 기술,제조, 개발의 토대를 강화한다

중점시책
1. 중점 제품의 계획과 개발
   ◆ 중점상품의 시장 도입
   ◆ 중점상품의 계획과 개발
2. 핵심기술의 중점개발
   ◆ XXX를 위한 핵심기술 개발.
   ◆ YYY를 목표로 XXX의 개발
   ◆ 핵심기술로 Total Cost의 감소
   ◆ 환경보호 기술과 재활용기술의 조기 개발.
   ◆ 지적자산을 얻기 위한 활동.
3. 제조부문의 토대 강화
   ◆ 품질문제의 빠른 해결.
   ◆ Network제품의 품질보증 System의 확립.
   ◆ 개발/제조원가의 철저한 절감.
   ◆ Global 관점으로 제조부문을 강화.
   ◆ 시장공급 및 수요기능의 강화.
   ◆ Network시대에 전문Group.

II 방침 설정

중점 시책, Action-Item, Performance, 목표 사이의 관련성이 명확하게 설정되어 있는 방침서

중점 Action Items		책임자	관리 특성	목표
1. Benchmarking을 달성하기 위한 신 제품 원가계획	• XXX화, Network화를 향한Bench marking을 실시하여 초기 원가계획의 완료.	Planning (BMG/CMG)	Benchmark달성율 (New O/L Figure)	Below1.1
	• Benchmark를 통하여 도출한 원가를 목표로 하여 초기원가를 최소화함으로써 초기원가 계획을 달성한다.	Planning (VEG/CMG)	연간계획 달성율 (new O/L & 1YP fig)	Below1.0
	• 금년도 시장에 도입된 상품에 대한 초기 원가의 달성.	Planning (CMG)		Below1.0
2. 회사의 매출을 확 보하기 위한 신뢰 할 수 있는 중기계 획과 초기 원가전 략 구축	• CJT와 관련된 Action Plan의 Review와 신뢰할 수 있는 개선책.	PPG	Mid-range 달성율 상품의 수	4.1%이상:'96 3Types 투자확대
	• Total Cost절감을 위한 평가방법.	PPG/CMG/ CEG	수출: 내수 Cost Level	20%이하
	• Global화를 위한 표준화	CET	내수: 경쟁사	동일/우위
3. 근무환경 개선	• 경비 예산 범위내 6가지 기능의 개선 실시	ALL	Group 달성율 경력개발을 위한 1:1관리	100% ALL
	• HR에게 의뢰하여 개발	ALL	Review활동	4회/년,
	• 필요한 전문가의 확보	CET	생산성 개선율 (신규 영역 확대)	20% 이상
	• 생산성 개선을 위한 System 개발과 조직편성	SEG		2회/년

방침 설정에 있어서의
Point

1) Review를 통한 효과적인 학습

방침관리는 전년도 Review와 연계하여 활동계획을 설정하는 것이 중요하다. 따라서 P.D.C.A Cycle 중 C(Check)부터 시작하여 A→P→D→C→A 식으로 진행한다. Review를 통해 장점과 단점 그리고 여러 가지 이슈를 도출해 낼 수 있으며, 이를 통한 방침관리를 할 수 있다.

2) 상위자 방침과의 연계

자신의 방침은 상위자의 방침과 연계되어야 한다. 방침은 상위자의 활동과 하위자의 활동이 서로 연계된 전사적인 프로세스(Company-wide-Process)이어야 한다. 또한, 조직원들은 최고 경영자의 방침을 숙지하고 있어야 하며, 만일 자신의 방침이 상위자 방침과의 연계성이 강하지 않다면 자신의 방침이 조직의 방침과 상당히 거리가 떨어져 있음을 인식해야 할 필요가 있다.

3) 예상되는 변화와 이슈사항의 결정

관리자는 조직 전체를 강하게 리드함으로써 상위자 방침을 전개하며 최고 경영자의 사업계획을 실현하는 역할을 수행하여야 한다. 비즈니스 환경은 하루가 다르게 빠르게 변화하고 있다. 이러한 변화의 속도에 빠르게 대처하지 못하는 기업이 있다면 경쟁에서 살아남지 못할 것이며, 점점 쇠퇴할 것이다. 많은 기업은 이러한 변화를 극복하기 위해 조직을 층별(수직)조직에서 수평조직이나 Network 조직으로 개편해 나가고 있다.

위와 같은 환경 속에서 관리자는 상위자의 방침을 충실히 수행하여야 한다. 그리고 시장, 고객, 경쟁의 변화에 민감하게 대응할 필요가 있으며, 관리자 자신의 주요 이슈사항을 방침으로 삼을 필요도 있다. 방침을 설정할 때 상위자의 방침을 실현하기 위한 역할과 더불어 혁신을 주도하는 개척자로서 의무감 사이에서 균형을 유지해야 한다.

방침 전개의 구조

 방침 전개는 최고 경영자의 방침과 부문의 방침을 실현하기 위해 조직
의 각 부서 단위로 방침과 Action Plan을 확립하는 프로세스다.

 최고 경영자의 방침을 제외하고, 상위자 방침 전개항목은 하위자의 방
침 설정항목으로 분배되고 전개되도록 방침을 설정한다.

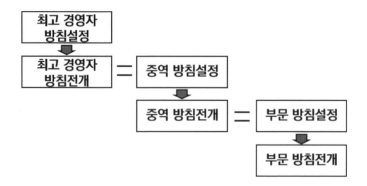

방침 전개의 Level

각각의 부문에서의 방침 전개는 통상 임원에서 최일선 관리자까지 모든 계층에서 실시한다. 그러나 방침에 대한 문서화는 부서장 Level까지만 하는 것이 바람직하며, 하위 Level은 부서장 방침에 대한 Action Plan을 문서화하여 공유되어도 충분하다.

종종, 하위자가 특정 영역에서 책무를 갖고 있는 관리자가 있다. 이러한 경우 방침을 받아들일 사람이 없으므로 방침까지 설정할 필요는 없다.

특정 관리자(highly specialized manager) 역시 상위자 방침을 근거로 중점임무를 설정해야 하며, Action Plan에 따라 P.D.C.A를 통해 중점임무를 수행해야 한다.

방침의 전개방법

1) 목표 공유와 할당

아래는 목표를 공유하는 경우와 분배한 경우의 예시이다.

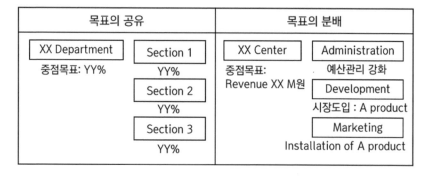

목표의 공유	목표의 분배
XX Department — 중점목표: YY% / Section 1 — YY% / Section 2 — YY% / Section 3 — YY%	XX Center — 중점목표: Revenue XX M원 / Administration — 예산관리 강화 / Development — 시장도입 : A product / Marketing — Installation of A product

목표의 공유는 주로 Line에서 사용된다. 이 Pattern의 특징은 목표를 달성할 확률이 높으며, 평가는 상사와 동일하게 되는 경향이 있다. 따라서 평가는 신중히 검토되어야 한다.

목표의 분배는 서로 다른 역할을 하는 조직이 함께 Group화 되어 있는 경우에 주로 사용되는데, 조직 간의 원활한 커뮤니케이션을 통하여 상사의 목표를 달성할 수 있도록 도움을 줄 수 있도록 하며, 평가를 위한 목표 기여도(Weight)를 사전 정의하여 두는 것도 매우 중요하다.

방침 전개 또한 상위 관리자의 목표가 확실히 달성될 수 있도록 상위자의 방침을 근거로 하위 관리자의 방침을 설정해야 한다. 또한, 방침을 성공적으로 전개하기 위해서는 목표와 평가가 설정되어야 하기 때문에 방침 목표를 달성하기 위한 중점 Action Item이 서로 연관시켜 관리하고 전개되어야 효과적이라 할 수 있다. 하지만 방침의 특성이나 부문의 특성에 따라서 상위 관리자의 중점 Action Item은 하위 관리자의 중점 시책으로도 전개될 수 있다.

방침 전개도

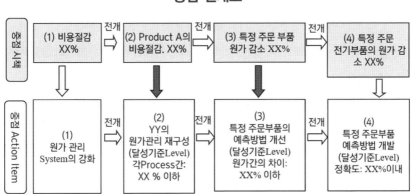

2) 시책 전개

시책의 전개는 다음과 같은 방법으로 실시한다.

- 활동적인 시책을 설정. 예) Claim 건의 감소
- 활동 결과로서 관리특성을 설정. 예) 연간 Claim 건
- 목표 설정은 가능한 정성적인 데이터로 표시. 예) XX%
  - 경영진의 목표가 매출이나 제조량일 경우, 부분적으로 목표 활동과 차이가 있는 부서의 관리자(공장 관리자 또는 제조 부문 관리자)의 경우에도 Management Cycle을 바꾸어 그들의 목표를 경영진의 목표와 일치시킬 필요가 있다.

• 전혀 새로운 시책을 수행하게 될 때 목표를 설정하기 위한 기초 데이터가 전혀 없을 경우, 처음에는 그저 느낌과 경험을 근거로 설정할 수밖에 없다. 이와 같은 경우에는 Review해야 하는 시기에는 필수적으로 Data를 수집해야 하며, Review를 통하여 목표를 새로이 설정할 수 있다.

3) 평가 전개

평가는 다음과 같은 방법으로 실시한다.

– 목표와 평가방법 설정은 함께 검토하여 설정한다.

– 중점 목표의 평가항목을 근거로 중점 Action Item을 설정해야 한다.

– 논리적으로 목표와 평가를 설정해야 하며, 평가항목 또는 설정이 얼마나 논리적인가를 Matrix로 비교해 보면 편리하게 알 수 있다.

– 평가 내용을 단순하게 'Review', '완료', '강화' 식으로 하기보다는 'XX의 실시'와 같이 명확하게 구체적으로 해야 한다.

– 관리특성과 목표도 대책과 함께 설정되어야 한다.

대책이 상위자 Level에서 하위자 Level까지 전개될 때 세부 평가항목이 Action Item으로 되며, 관리특성을 설정할 때에는 다음 사항을 명심하도록 한다.

– 'XX Training 실시'와 같은 관리특성에는 그 내용 속에 'Training 실시 횟수'나 '교육 인원' 등과 같은 내용보다는 Training의 목적을 설명해야 한다.

　예) 교육생의 이해도나 만족도

– 'Manual 제작'과 같은 관리특성에는 '납기' 외에도 Manual의 Quality를 측정하기 위한 Item이 포함되어야 한다.

　예) Manual 구독자의 평가

– 'XX System의 구축'과 같은 장기적 활동은 짧은 기간 동안에 효과가 나

타나지 않는다. 활동은 System 진척도 확인, 요구항목 중 해결된 건 등 관리특성으로 구분하며, 기간별로 나타내어야 한다.

4) 관리특성 List의 문서화

방침이 전개될 때 전체 방침은 관리특성 List에 의해 관리될 수 있다. 이 List에는 책임, 중요성, Management Cycle, Management Level & Limit(범위), Contingency Plan과 같은 Performance 속성이 포함된다.

관리특성 List Sample								
부서		이름		날짜		Sign	결재	
실시항목	관리특성	목표	Cycle	Level	Contingency	참조	기준

방침 전개의
시기와 방법

연간방침은 조직의 가장 하위 Level(현장 관리자)로부터 전개되어 성과로 나타나는 것이 일반적이기 때문에 각 부문은 상위자 Level의 관리와 연계하여 방침 전개를 시작해야 한다. 그리고 목표에 대한 결과치(또는 Outlook)를 평가하며 현장 관리자는 회계연도의 말까지의 활동을 Review해야 한다.

방침의 설정 기간은 기본적으로 1년이다. 그러나 부문의 상황에 따라 최소 6개월씩 방침활동 기간을 설정하고 하반기에 활동계획을 수정할 수도 있다.

방침 전개의 확인

    각각 설정된 시책과 중점 Action Item에 대해 상사와 자기 자신과 하위자와의 관련성을 방침 전개 Chart나 Matrix로 표시되어야 한다. 목적은 상위자, 자기 자신, 하위자 방침 간의 상호 관련성 정도를 확인하기 위한 것이기에 자신의 시책과 중점 Action Item 간의 관련성을 확인하여야 하는 것도 같은 맥락이다.

방침 전개 Matrix

GMs' Policy	X GM Policy				Y GM Policy			Z GM Policy			
Director's Policy	Policy A	Policy B	Policy C	Policy D	Policy A	Policy B	Policy C	Policy A	Policy B	Policy C	Policy D
Policy A	X				X			X			
Policy B		X						X			
Policy C			X							X	
Policy D					X						
Policy E						X					x
Policy F							X				

방침 전개

계획의 문서화

Action Plan은 문서로써 정리되어야 한다.

부문장과 관리자의 방침 전개 상황을 나타내는 방침 전개 Matrix

항목	중점시책	프로모션	A개발계획	B상품개발	C상품개발	D상품개발	E센터
중점 상품 계획	DMS실현을 위한 Network제품 개발	Network제품 상품 계획 작성	DMS와 연계한 Net work제품 Group 생산계획 수립	1. 상품의 시장 도입 2. 차세대 Color, Network 상품개발 착수(상품도입 계획 단계에 따른 납기 준수)	1. 도입 상품에 대한 기능, 품질, 개발 납기 목표. 2. 상품의 환경 친화를 표명하는 문서 제공. 3. 상품의 Network Solution제공. 4. XX년 이후의 활용할 수 있는 신기술 확보. 5. Internet / Intranet 활용	1. M,O,L상품 개발. 2. Low-mid range Cover하기 위한 XX개발 3. Printer controller 4. HW & SW의 공통기능 5. 원가 벤치마킹 달성. 6. 사내개발과 아웃소싱 계획 7.전사적인 Controller 개발 전략의 확립.	1. 시제품 생산과 품질보증 체계. 2. 아시아 시장 시제품 생산 & 품질보증.
	아시아 지역에서의 T ime-to-market 실현	해외시장으로의 판매 촉진	아시아 지역에 Time-to-market의 실현. 해외시장 동시 도입	아시아 시장의 신상 품에 대한 QCD의 조기 결정	신제품 시장을 선도하기 위한 신기술의 확보	1. 해외시장 Printer와 M F Controller 표준 Spec 완료. 2. AP Unique 상품 개발을 위한 System 확보. 3. Unique폰트개발 제안. 4. M,O,L상품의 조기 개발.	
	A Group Product 계획	제품개발의 통합		차세대 Color, Netw ork 상품개발 착수 (XX년 상품도입계획 단계에 따른 납기 준수)	1. XX년 도입 제품에 대한 납기,품질,기능 목표의 준수 2. D Product의 환경친화를 표명하는 문서 제공.	저비용의 Quality Imaging과 고속 기술 확보	
	Benchmark를 능가 하는 Printer개발	Printer & Network Benchmark완료			Outsourcing 을 포함하여 원가 Be nchmarking을 달성하기 위한 Printer C ontroller의 계획과 개발		

이 문서의 내용은 방침 전개 계획을 바탕으로 '목적', '대책', '방법'이 포함되어야 하며, 5W1H(How, When, What, Whom, Where)에 의해 정

리해야 한다. 상위 관리자의 계획과 일치시켜서 실행계획이 수립되어야
한다.

Sample 6   영업부 Manager의 Action Plan

YY Action Plan X Sales Branch	
중점 Action Item	목표: 30 units \10M
이익및 상품설치목표 달성	

배경:
1. 낮은 점유율
2. MBU 부서장 Policy

이유:경쟁력 있는 상품
1. A product: 계획의 5%
2. 지난해 손실을 입었음.
3. 흑백/Color 동일한 평가

(원그래프: C 12%, B 17%, A 71%)

A	00	00	00
B	00	00	00
C	00	00	00

시책	목표	월도별 계획						
		1	2	3	4	5	6	7
제품설치	30							
이익	\10M							
PR Call수	200 Calls							
기대하는 결과								

평가항목	담당				1	2	3	4	5	6	7
1-1. 사업영역에서의 Best Practice 수평전개		우수사례 및 나쁜 사례 수집	1건/주	Schedule							
				현상							
	Motoki			목표							
				결과							
1-2. A&B 사업영역 청취를 통한 방문 계획		Coverage for A & B	100%	Schedule							
				현상							
	Kawai			목표							
				결과							
2-1. 고객측 부서장을 방문하여 그들의 관심을 이해		방문건	10건/월	Schedule							
				현상							
	Nagase			목표							
				결과							
2-2. 적절한 고객접촉을 통한 결정권자의 파악		조직도 획득건	30건/월	Schedule							
				현상							
	Ochiai			목표							
				결과							
3-1. Contest와 같은 다양한 Marketing 활동		월간 방문회수	200건/월	Schedule							
				현상							
	Nagase			목표							
				결과							
3-2. 열심히 일하는 사람들의 사기향양 날짜 수립.		Date	매주 수요일	Schedule							
				현상							
	Hirota			목표							
				결과							
4-1. 표준화된 제안을 함으로써 Workload의 감소		월간 제안건	5건/SR	Schedule							
				현상							
	Motoki			목표							
				결과							

방침 전개 시의
요지(주안점)

1) 모든 전문지식(의견)을 'Catch-Ball'에 집중시킨다

방침을 전개하는 프로세스 모든 과정에서 조직을 수평적, 수직적으로 모두 연계해야 할 필요가 있다. 이 프로세스는 모든 사람이 서로 이해하고 자발적인 실행을 할 수 있도록 하는 의미로 'catch-ball'이라고 부르며, 동시에 서로 제안하고 조언을 할 수 있도록 분위기와 커뮤니케이션 조건이 구성되어 있어야 한다. 이것은 방침 관리의 특성이며, 방침을 확실히 달성하기 위해서 관련된 부문 간의 협력은 필수적인 것이다. 따라서, 계획 단계부터 관련 부문 간 협업 및 공유하도록 하는 것이 매우 중요하다. 이 프로세스에서 상대적으로 많은 시간과 노력을 투입하게 되지만 이를 통하여 방침을 올바르게 실행할 수 있는 첫걸음이 되는 것이다.

catch-ball은 다음과 같은 부분에서 연계가 필요하다.

- Business 환경 전망과 예측에 따른 이슈 공유
- 상위 관리자와 하위 관리자 간의 시책과 중점 Action Item의 일치 내용
- 부문의 협조가 필요한 Item은 관련 부문과 함께 연계하여 조정
- 방침을 수립하는 초기 단계에 실무자의 참여

2) 세부실행 방법

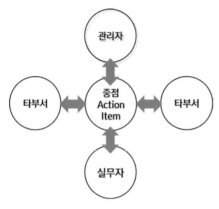

많은 관리자와 실무자가 참여할수록 중점 Action Item은 더욱 세부적으로 구체화될 수 있다. 중점 Action Item은 부문 간에 서로 같지 않아야 하며, 각각의 부문의 상황을 고려하여 설정해 나가야 한다. 만약 실무자의 중점 Action Item이 타 부서와 같다면 이는 적절하지 못한 방침이다.

목표를 달성하기 위해 가능한 모든 Idea와 Technology를 동원하여야 하며 평가방법은 매우 심사숙고하여 설정해야 한다.

변화하는 환경을 철저하게 예측하기가 쉽지 않은 것은 사실이다. 만일 이슈가 개인적이거나 특정 사업 영역 내에서만 발생한다면 전문적인 지식을 바탕으로 원인 분석을 통하여 이슈를 가시화, 단편화되도록 Idea를 도출해야 한다.

그러나 경험이 적거나 새로운 사업 영역이라면 대담하고 과감한 구상 및 창의성이 필요할 것이다. 이때 실패를 경험할 수도 있지만, Trial을 통하여 idea를 도출할 수 있을 것이라는 생각으로 P.D.C.A Cycle을 보다 신속하게 돌릴 필요가 있다. 그렇게 하여 조직 전체의 방침 실행계획을 빠르게 돌릴 수 있어 개선할 수 있게 한다.

3) 방침의 공유와 철저한 전개

설정한 방침은 조직 내 상세하게 공유할 필요가 있다. 하지만 문서로 공유하는 방법이 여러 측면에서 가장 효과적이라고 할 수도 있겠지만,

이해도 측면에서 훌륭한 소통 방법이라고는 말할 수 없다. 어쩌면 Face to face 방식의 설명이나 프레젠테이션에 의한 커뮤니케이션이 보다 현명한 방법일 수도 있다.

또한, 모든 조직원에 효과적으로 전달될 수 있는 다양한 방법을 개발하는 것도 중요하다.

다음과 같은 Tool을 통하여 조직원들에게 전달될 수 있다.

– 경영방침의 요약 보고

– 동영상 시청

– Poster 배포

– 사내 정기 간행물, 사보에 기사 등재

– 인쇄물(전단) 배포

사내 방송

사보

사내 포스터

kick Off meeting

설정된 방침은 Action Plan에 따라 보편적으로 두 가지 형태로 실행된다.

관리자가 해야 하는 것이 무엇이고, 실무자가 해야 하는 것이 무엇인지 구분하되, Action Item에 대한 진행은 실무자가 실시 책임을 지고 정기적으로 확인해야 한다.

방침 진행의
P.D.C.A

　방침 관리에 있어서 방침의 진행 사항을 적기에 Check하는 것은 매우 중요하다.

　방침 진행상황을 Check한 결과, 만일 목표를 달성하기 어렵다고 판단된다면 방침의 Management Cycle에 대하여 발 빠른 대책이 필요하다. 그렇게 하기 위해서는 비록 방침관리 기간 중일지라도 관리자가 Management Cycle을 빠르게 연속적으로 실시, 확인, 조치하게 하여 평가가 추가되거나 수정되도록 한다. 그리고 시책을 달성하지 못하였거나 심각한 문제가 발생하였을 경우, 아래와 같이 Q.C Story에 따라 Contingency Plan을 실시해야 한다.

1) 실시 이유(배경)에 대한 분석(Identifying the reason for taking action)
2) 현상 파악(Grasping the situation)
3) 주요 원인 분석(Analyzing the root causes)
4) 대책 수립(Determining the countermeasure)
5) 효과 파악과 재발방지책 설정(Verifying the effect and determining the preventive measure)

그러나 평가항목에 따라 즉시 효과를 알 수 없는 것도 있을 수 있다. 이럴 경우 관리자는 어떻게 대책을 효과적이고 철저하게 세울 것인지에 대한 문제에 직면하게 될 것이다.

철저한 평가

평가를 실행할 때 우선 계획에 따라 철저하게 확인하는 것은 필수적이다. 방침관리는 유기적으로 지식이 축적되고 P.D.C.A Cycle을 실행함으로써 관리능력을 양성하는 시스템이기 때문에 비록 계획이 초기에는 시기상조일지라도 계획의 품질은 P.D.C.A Cycle을 통해 매우 향상될 수 있다는 것을 인식하기 바란다.

그러나 설정한 계획이 완벽하게 진행하고, 계획의 결과가 정확하게 Review되어 차기 계획에 반영되도록 하는 노력이 필요하다. 계획이 완료되지 않았고, 철저하게 실행되지 않았다면 대책의 효과는 정확하게 Review할 수 없을 것이다. 그것은 비효율적으로 운용된 P.D.C.A Cycle에 의한 결과이고, 최악의 경우라 할 수 있다.

만일 설정한 계획이 불완전하다면 적어도 차기 계획에 반영하기 위하여 불완전한 원인이 무엇인지 확실히 분석해야 할 필요가 있다.

Project Type 활동

  기업이 긴급하게 변혁·개혁이 필요하다고 판단될 때 일상활동과는 다른 별개의 업무 할당을 하게 되고, 현재의 조직과 맞지 않는 활동이 방침의 주제로서 부여될 수 있다. 제한된 기한 내에 이러한 특별한 임무를 달성하기 위해서는 전문가로 구성되지 않으면 해결될 수가 없기 때문에 이러한 것은 부문 또는 팀 독자적으로 해결하려고 하기보다는 Project Team이나 Task-force(TFT)로 해결하는 것이 바람직하다.

  이러한 Project는 명확한 시책과 계획을 Scheduling하고, 활동 시리즈별로 조직화가 필요하다. 특히, Project Team을 위한 특별한 관리기 필요하지만, Project나 Task-force 활동은 방침관리 프로세스의 일부분이라는 점에서 기본 개념은 동일하다.

방침을 검증하고
Follow-up하는 방법

　'검증' 프로세스는 차기에 구축할 방침의 질에 큰 영향을 주는 것은 물론이고, 현재의 방침을 달성하기 위한 대책과 시책이 과연 효과적이었는지 그리고 합리적이었는지를 평가하는 중요한 단계이다.

　방침을 효과적으로 검증하고 후속조치를 하기 위해 Action Plan을 다음과 같은 시각으로 확인해 보아야 할 것이다.

- 검증 프로세스의 시기와 빈도
- 검증 방법(Control chart, Wall chart, Monthly report, Daily report, etc.)
- 특별 활동(빈도수)
- 담당자와 관리자의 역할 및 수행능력

검증과
후속조치 Cycle

　검증과 후속조치는 일상적으로 주기적으로 하거나 예약된 특정 기간에 실시하는 두 가지 방법이 있다. 모두 검증을 통한 문제를 확인함으로써 프로세스가 진행된다.

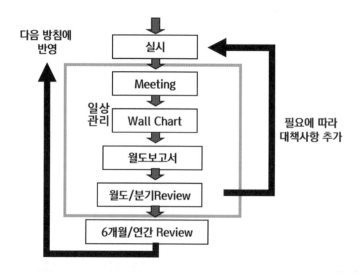

평가(Measure)의
표준화

Review 후 대책사항이 효과적으로 성과를 거두었다고 생각되면 대책
사항은 표준화되어야 한다. 왜냐하면, 성과를 지속적으로 유지해서 지
속·성장할 수 있기 만들어야 하기 때문이다.

대책을 어떻게 유지해야 하는지를 표준화할 때 방법뿐 아니라 관리
Point도 동시에 적용되어야 한다.

검증과 후속조치를
실시하는 데 있어서의 주안점

방침을 검증하고 후속 조치할 때의 중요한 Factor는 Review이다. Review를 어떻게 실시했는지가 Quality이다. 결과뿐만이 아니라 결과를 낳은 요인을 확인하는 것도 중요시되어야 할 부분이다. 따라서 문제 발생의 원인을 파악하지 못한 Review는 올바른 Review라고 할 수 없다. 혹시 달성하지 못한 Action Item이 있다면 원인 분석을 통하여 인과관계가 있는 주요 원인을 찾고, '어떻게 해결하여야 하는가?'와 같은 물음을 통해 해답을 찾을 필요가 있다.

다양한 방법으로 관리의 효율성을…

- Wall Chart: 중점 Action Item의 진행상황을 Graph나 Chart를 활용하여 벽에 붙여 놓고 관리하는 시각적인 방법이다.
- Check Sheet: 대책에 대한 진행상황(진척도)을 Check하는 방법이다.
- Signal Management: 시책과 대책의 진행상황을 Blue, Green, Red와 같은 색상을 사용하여 나타내고, 특히 Red Color는 문제사항이 발생되어 신속히 처리할 필요가 있을 때 표시한다.

이러한 방법을 통하여 문제와 진행상황을 가시화하여 조직원들이 적극적으로 참여할 수 있도록 유도할 필요가 있다. 일본의 경영 컨설턴트 엔도이사오(Endo Isao, 遠藤 功) 씨의 책『미에루카 경영전략』의 내용을 통하여 경영전략의 가시화가 얼마나 중요한지 소개한 바가 있는데 간단히 아래와 같이 소개한다.

미에루카(見える化):
일본어로 '보이게 한다(가시화)'는 의미이다.

'미에루카는 비즈니스에 있어서 항상 문제점을 가시적으로 보이게 함으로써 만일 문제가 발생하게 되면 즉시 해결 가능한 환경을 만들 뿐 아니라 동시에 문제가 발생하지 않도록 환경을 구축하는 활동'이기도 하다.

문제란 본래 추구하는 표준 또는 기준과 대비하여 실제 현상과의 '차이'를 의미한다.

하지만 많은 기업은 문제점이 있는 정보를 적기에 사전에 확인할 수 없었으며 또한 전하여 들은 정보 외의 예견되는 문제점들은 조직 전체가 알 수 없었다고 한다.

가시화의
네 가지 응용

첫째, 가시화(可見化)는 일반적으로 쓰이고 있는 가시화를 의미한다.

둘째, 가시화(可視化)는 단순하게 사실이나 측정치를 파악할 때뿐 아니라 요인을 더욱 심층 분석을 하고자 할 때도 사용한다.

셋째, 가시화(可診化)는 가시화(可視化)와 비슷하지만, 구체적으로 문제를 밝히고 더욱 '세부적'으로 관찰하고자 할 때 사용한다.

넷째, 가시화(可觀化)는 심층적 또는 세부적으로 보는 것과는 반대로 '전체를 거시적으로 보고자' 할 때 사용한다.

가시화의
네 가지 오류

1) I.T에 편중하여 의존한다.
2) 오로지 수치에만 편중한다.
3) 생산에만 편중한다.
4) 시스템에만 편중한다.

　조직의 각 부서에서 가시화 환경을 구성하기 위해 노력하는 동시에 조
직원들이 민첩한 '감각'을 숙지하게 하여 변화에 민감한 조직으로 변화
시켜야 한다. 궁극적 가시화 경영이란 실제로 눈앞에만 보이는 현상에만
의존하는 것이 아니라 보이지 않은 것들도 볼 수 있도록 조직원을 양성
해야 하는 것이다.

'가시화'의 5개 범주

1) 문제점을 '가시화'한다.

- 이상적인 상태를 가시화

- 차이점/편차를 가시화

- 시그널의 가시화

- 문제점에 대한 요인을 가시화

- 효과를 가시화

2) 벌어지는 상황을 '가시화'한다.

- 표준/기준/스탠다드를 가시화

- 현재의 실태를 가시화

3) 고객을 '가시화'한다.

- 고객의 의견(V.O.C: Voice of Customer)을 가시화

- 고객의 입장을 가시화

4) 아이디어를 '가시화'한다.

- 지혜/힌트를 가시화

– 경험을 가시화

5) 경영을 '가시화'한다.

가시화 경영을 실천하기 위하여 예를 들었던 이러한 다섯 가지 범주의 가시화를 실행하고, 통합적 관리를 통하여 각각의 가시화가 서로 유기적으로 연결되는 상태를 의미한다.

가시화 경영을 위한
10 Check list

1) 현상파악과 분석을 우선 실행한다.

2) 보여주기 어렵거나 보여주기 싫은 것일수록 가시화한다.

3) 보이는 것과 보여줄 것을 층별하여 구분한다.

4) 얼마나 신속하게 그리고 적절한 시기에 가시화할 것인지를 중요하게 생각해야 한다.

5) Analogue와 Digital 데이터를 분석하여 상황에 맞추어 활용한다.

6) 한눈에 이해하기 쉽게 실행되도록 단순하게 하여야 한다.

7) 실무자 또는 문제의 접점에 있는 그룹에 보이는 시스템이어야 한다.

8) 진정한 개선과 도전은 가시화된 이후부터 시작된다.

9) 가시화 방법과 사례를 공유한다.

10) 최고 경영층이 선도적으로 가시화를 유도한다.

사례

오래전 다량의 인쇄물을 출력하는 고객사를 방문하였을 때의 일이다. 넓은 공간에서 다수의 작업자가 대형 인쇄기를 통하여 인쇄물을 출력하고 있기 때문에 소음도 엄청 심했던 곳이다. 마치 큰 인쇄 공장과 같다고 이해하면 쉬울 것 같다. 현장 방문 시 재미있는 벽 관리 사진을 볼 수 있었는데, 관리자가 현장 순회 시 개선해야 할 부분 또는 정리가 안된 장소 등을 발견하였을 때 사진 촬영하여 일정 장소에 붙여두면 사원들이 오가면서 문제의 사진을 발견하고 잘못된 문제점을 같이 인식하게 된다는 것이다. 또한, 문제 발생 조직에서는 일정 기간 내 개선된 모습의 사진을 문제 사진 옆에 게시해야 한다. 일반적으로 공장에서는 5S 운동 등을 통해서 현장을 정리정돈을 우선적으로 실시하고 있지만, 이와 같이 사진을 통해서 한눈에 여러 사람이 보고 이해하게 함으로써 가시화 전략을 잘 활용하고 있는 사례라고 생각했다.

Review 시의
주의사항

Review 시에는 계획한 Action Item이 잘 실행되었는지, 대책은 어떠한 효과를 발생하게 하였는지 주의 깊게 판단하여야 한다.

- Review 시 내용이 단순한 결과로 끝나지 않도록 추가 대책에 대해서도 진행과 평가 내용을 분석해야 하며, 주요 요인의 문제점과 이슈사항에 대하여 확실히 이해하여야 한다.

- 만족한 결과에 대해 표준화하고, 지식으로 축적하기 위해 만족 결과를 발생하게 한 요인과 인과관계를 파악하여야 한다.

- 대책사항은 실행한 것과 그렇지 못한 것으로 구분해야 한다. 그러고 나서 실행하지 못한 대책에 대하여 왜 제대로 실행되지 않았는가를 확인해야 한다.

- 효과적으로 활동했던 Action Item과 그렇지 않은 Action Item을 확인한다. 또한, 효과적이지 못한 결과를 거둔 Action Item에 대해서도 왜 효과적이지 못했는지 구체적인 원인 분석을 해야 한다.

- 목표에 대해서 객관적으로 달성률과 성장률로 평가한다. 이때 ○, △, X로 평가한다면 판정의 Level이 명확해질 것이다.

Summary

방침관리는 최고 경영자부터 최일선 관리자에게 이르기까지 이용되는 P.D.C.A Cycle 기법이다. 단순히 P.D.C.A Cycle이라는 문구만 본다면 쉽다고 느끼는 사람도 있을 것이다. 하지만 실제 업무에서 P.D.C.A를 적용한다는 것이 그리 쉽지만 않다.

그러나 정확하게 실행을 했을 경우 적지 않은 효과를 보게 될 것이다. 왜 그럴까?

P.D.C.A Cycle은 계획이 어떻게 설정되었는지 많은 관련성이 있다.

기업은 지속적인 성장을 하고, 주주 및 고객에게 가치를 제공하기 위해 경쟁을 극복해야 한다. 이러한 사실로 미루어 볼 때 방침과 운영계획에는 현상을 타개해 나가기 위한 시책이 포함되어야만 하고, 실제로 목표를 달성하기 위한 노력이 필수적으로 뒤따라야 하기 때문에 생각한 것보다 쉽지 않을 것이다.

왜냐하면, 장애물들을 극복할 수 있는 '능력' 또한 필요하기 때문이다.

방침관리의 본질은 문제점의 해결과 극복이다. 문제점을 해결하지 못하는 기업은 방침관리를 성공적으로 할 수 없다. 방침관리가 제대로 되지 않는 것은 순서나 방법의 문제라고 하기보다 문제해결 능력이 부족하기 때문이다.

그러므로 방침관리를 효과적으로 잘 수행하기 위하여 전사적으로 문제점 해결 능력을 강화해야 한다. 문제점을 해결하고 극복하는 능력을 키움으로써 경영품질을 향상시킬 수 있기 때문에 방침관리를 통해 실로 많은 이점을 얻을 수 있을 것이다.

따라서 관리자뿐만 아니라 실무자들도 문제점을 해결하고 극복하는 능력을 육성해야 한다는 것을 항상 염두에 두고 있어야 한다.

04

Quality를 통한
경영 난국 돌파

일본 후지필름 홀딩스는 2021년 3월까지만 미국 제록스와 사무기기 판매 제휴를 유지하고 그 이후에는 자회사인 후지제록스에 의한 아시아 지역 사업에서 제록스 브랜드를 사용한 제품의 판매를 종료하며 후지필름의 독자적인 브랜드로 새롭게 시작하기로 결정하였다.

후지제록스는 후지필름과 제록스의 합작 회사로써 1962년에 설립됐다.

그러나 후지필름 홀딩스는 2019년 11월 제록스로부터 후지제록스의 주식을 매입하여 완전 자회사화함으로써, 57년간 지속된 미국 제록스와의 합작은 깨지고 2021년 3월 말로 58년 만에 미국 제록스와 후지필름은 완전히 결별하게 되면서 새로운 국면을 맞게 되었다.

한편 제록스는 2019년부터 HP에 수차례 인수를 제안했지만 거듭 거부 당하자 적대적 M&A에 나서겠다고 선언하기도 했다. 당초 제록스는 자금 확보를 위해 글로벌 은행 등으로부터 대출을 받겠다는 계획을 세웠다. 일본 후지필름과 합작 회사인 후지제록스 지분 매각 등을 통해서도 자금을 충당하려고 했다. 그러나 경기 침체로 제록스의 시가총액이 5개월 사이 반 토막으로 줄어드는 등 시장 상황이 악화하자 결국 인수 계획을 철회했다.

한때 명성을 떨치던 조직이 이처럼 걷잡을 수 없이 몰락할 때 지도자가 해야 할 일은 무엇일까?

이러한 제록스의 경영 위기는 이번이 처음이 아니다.

1980년대 초반 하강이 없는 오로지 수직 상승만 존재하는 것처럼 여겨졌던 제록스가 최악의 경영 위기로 인하여 사라질 위기를 맞게 되었다.

경영의 기본 원칙은 품질이라는 확고한 경영방침으로 어떻게 그 난관을 헤치고 나갔는지 제록스의 지나간 품질 여정을 살펴보기로 하자.

데이비드 컨즈(David Kearns)는 IBM에서 1971년 제록스 부사장으로 이적 후 로체스터, 뉴욕 제록스의 마케팅 및 서비스의 최고 책임자(COO: Chief operating officer) 등의 역할을 수행하던 11년만인 1982년 드디어 제록스 CEO로 승진하였다. 컨즈는 최고의 대기업을 경영해 보겠다는 그의 야망이 현실로 다가온 기쁨도 잠시였고, 그의 야망은 큰 벽에 부딪히게 되었다. CEO로 승진할 무렵 제록스의 경영상태가 매우 어려워지면서 그와 같은 경영상태가 지속된다면 10년도 안 되어 제록스는 재고 제품을 헐값에 처분하고 파산할 위기라는 고민에 빠지게 되었다. 과연 제록스는 지속해서 존재할 수 있을까? 끝없는 고민과 불안이 그를 사로잡기 시작했다.

컨즈는 본인이 직접 회사를 정리할지도 모른다는 생각을 할 때 그 불명예를 참을 수 없을 것이라는 생각만 들 뿐이었다. 이러한 절체절명 큰 위기에 빠지게 된 몇 가지 심각한 이유가 있었다. 1970년대 초 IBM과 Kodak이 제록스가 개발한 복사기 시장에 동참하면서 경쟁이 심화되기 시작했다. 이때 컨즈는 두 기업과 더욱더 심각하고 치열한 경쟁이 될 것으로 생각했으나 결국 그것은 잘못된 판단이었다.

제록스가 크게 관심을 두지 않았던 저가(低價) 복사기 시장을 캐논, 리코, 샤프, 미놀타 등의 일본 기업들이 저가의 가격 경쟁력을 무기로 맹렬하게 공략하여 수많은 고객을 빼앗아 갔다. 특히, 리코가 빠르게 높은 시장점유율을 경신하면서 미국인들이 '제록스 잇(Xerox it)'이라고 말을 했던 것을 '리카피 잇(Re-Copy it)'이라고 부를 정도로 복사기 대명사가 제록스에서 리코로 바뀌어 가고 있었다. 1970년대 접어들면서 제록스는 독점금지법으로 계속 시달렸는데, 마침내 공정 거래 위원회로부터 부당한 방법으로 사무용 복사기 시장의 독점을 유지해 오고 있다고 피소됐다. 제록스는 결국 약 1,700건의 제록스 특허를 경쟁 기업인 일본 기업들에게 공유할 수 있도록 내주고 말았으며, 그 결과 리코는 1976년 미국 시장에서 1위를 차지했다. 제록스는 미국 복사기 시장의 80%를 점유하고 있었으나 1982년에 14%까지 하락하며 최악의 경영 위기를 맞게 되었다. 그런데 컨즈 회장이 취임 후 얼마 지나지 않은 1982년 5월 제록스의 자회사인 일본 후지제록스 창립 22주년 기념식에 참석하기 위하여 일본을 방문하게 되었는데, 이것이 제록스로서는 위기 극복의 실마리가 됐다.

신 제록스 운동(New way 20)에서
배우다

후지제록스는 1960년 일본 후지 필름과 제록스가 공동으로 설립한 합작 회사이다. 설립 이래 계속 성장세를 유지하던 후지제록스도 1970년대 중반 경영 난관에 부딪히게 되었다. 제4차 중동전쟁이 시작되면서 OPEC의 이집트와 사우디아라비아를 중심으로 원유국들이 손잡고 석유를 감산하는 동시에 원유 가격을 인상하게 된 것이다. 따라서 세계적인 유류파동으로 인해 일본 경제 역시 큰 충격을 받아 휘청거리고 있을

New Work way logo

때 리코와 캐논이 새로운 경쟁자로 시장에 본격적으로 뛰어들게 되었고, 매출이 급격히 줄어들기 시작한 것이었다. 예상하지 못했던 경영 위기 상황을 극복하기 위하여 후지제록스 고바야시 회장은 1976년에 기업 체질 개선을 위하여 N.X 운동(뉴 제록스 운동)이라는 전사적 품질 경영 활동을 추진하였다(후일 1988년에는 New Work way로 변경). 기술 생산부문으로 한정되어 있었던 Q.C 활동을 전사를 대상으로 한 TQC로 확대하기로 한 것이다. 과학적

분석과 PDCA 관리를 기본으로 전 사원이 품질 향상, 효율화, 원가 절감 등의 체질 강화에 힘쓰는 TQC에 자체적인 방식을 가미한 것이다. 이를 토대로 방침관리와 리더층(Top Management) 진단, Q.C 서클활동 (가장 많았을 때는 1,200개), 시장 데이터와 DCS(Daily Control System: 판매활동 및 시장 관리 시스템)를 활용한 프로세스 영업활동 등 각 계층에서 개선을 거듭했다. 노력의 결과 매출과 이익은 계속 증가했으며, 전사적 품질 활동(T.Q.M)을 전개한 지 4년 후인 1980년에는 데밍상을 수상하였다.

Deming Prize Medal

당시 제록스와 일본 경쟁 기업들의 경영품질에는 큰 차이가 있었다.

- 제록스 제품의 불량률은 일본 경쟁제품의 일곱 배였다.
- 미국 시장에서 판매되는 일본 복사기 판매가격은 제록스의 제조원가 정도임에도 불구하고 일본 기업들은 수익을 창출하고 있었다.
- 실질적인 생산활동에 투입된 직접 인원 대비 구매, 자재관리, 경영지원 등의 간접 인원의 비율은 제록스가 일본 경쟁사의 두 배였다.
- 제록스의 제품개발 인원은 일본보다 두 배 이상이었지만 제품 개발에는 두 배 이상의 시간이 소요되고 있었다

후지 제록스 창립 기념 축하 방문 이후 몇 차례 더 후지제록스 방문을 통하여 제록스의 강점과 약점에 대한 관찰과 깊은 생각을 하고 난 뒤 컨즈 회장은 마침내 제록스 생존을 위한 유일한 방법은 제록스 제품

의 품질뿐 아니라 서비스 품질을 혁신적으로 향상시키는 것이라고 판단하였다. 이미 많은 사람이 예견했던 것처럼 개혁한다는 것은 쉽지 않았다. 왜냐하면, 제록스의 기업문화를 밑바닥부터 전체를 변화시키는 것을 의미했기 때문이다. 하지만 가까운 후일 제록스 회사가 파산될 수 있는 위기였지만, 컨즈 회장은 반드시 개혁하고 말겠다고 다짐하였다.

'품질을 통한 리더십의 착수'

제품뿐 아니라 서비스의 질을 획기적으로 높이기 위하여 솔루션을 찾던 중, 제록스 컨즈 회장은 제일 먼저 품질 대가들에게 조언을 구하기로 결정하고 품질 예찬론자인 크로스비와 대화를 나누었다. 당시 크로스비는 품질을 '우아함'이 아니라 '요구에 대한 적합성(conformance to requirements)'이라고 정의하고 고객이 갖고 있는 기대치를 충분히 이해하고자 노력하여 고객 기대에 부응하도록 한다는 점에서 전략적 의미가 있다고 주장했던 인물이었다.

품질의 중요성을 강조하기 위해 품질 비용으로 총 수입액의 20% 정도 예산이 책정되어야 한다고 말했는데, 그것이 실제 적절한 비용이라면 이는 실로 큰 비용이었다. 처음에는 크로스비가 어떠한 근거로 그렇게 주장하였는지 이해할 수는 없었지만, 몇 가지 연구와 테스트를 통하여 그의 이론이 신뢰할 만하다고 생각됐나. 또한, 크로스비가 주상한 품질의 4대 절대 원칙도 컨즈 회장 입장에서 상당히 인상적이었다.

크로스비의

4대 품질경영 원칙

1) 품질은 고객(내·외부)의 요구와 일치(Quality is conformance to requirements)

   고객의 요구사항이 무엇인지 명확히 정의되어 내·외부 고객 또는 내·외부 공정에서 무엇이 기대되고 있는지를 정의되어야 한다. 고객이 원하는 바에 정확히 근거하지 않는 품질은 무의미하고 고객의 요구에 일치할 때만 품질이라고 할 수 있다.

2) 품질은 처음부터 올바르게 행하는 것을 의미(Do it right thing the first time)

   품질은 예방 시스템이며, 예방은 검사·평가·테스트가 아닌 정의된 프로세스, 훈련, 리더십 등의 결과이다.

3) 품질의 성과는 무결점

   품질은 실수를 허용할 수 없으며 처음부터 잘하겠다는 마음가짐이 중요하기 때문에 무결점 개념은 단순 동기부여의 의미가 아닌 성과이다.

4) 품질을 측정하기 위한 척도는 품질비용

   고객의 요구사항과 불일치로 인하여 발생하는 측정, 반품, 재작업, 보증비용은 품질비용이다.

   Xerox의 신입사원 교육용 교재 표지 첫 페이지에 아래와 같은 문구가 적혀 있다고 한다.

"Xerox is the Quality Company."

이후 컨즈 회장은 품질 전문가인 데밍 박사와 쥬란 박사 등과 교류하면서 경영방식을 바꾸려면 경영진이 먼저 변해야 한다는 조언을 받았지만, 제록스 내에 어느 누구도 조직의 변화를 어떻게 실행해야 하는지 구체적으로 알고 있었던 사람은 아무도 없었다. 컨즈 회장은 품질 전문가들의 조언도 매우 중요한 역할을 했지만, 제록스의 부활을 위하여 무엇보다 중요한 것은 제록스 자발적인 품질 혁신이라고 생각했다. 또한, 품질 혁신을 하기 위하여 품질 대가들의 조언을 무조건적으로 따르는 것이 아니라 제록스 자체적으로 개선 아이디어를 발굴하고 검토하고 실행하는 프로세스를 제록스에 적합하게 제록스만의 독창적인 것을 만들어 내지 않으면 안 된다는 판단이 서게 되었다.

1983년 품질을 통한 Leadership through Quality라는 전사적 품질 혁신운동을 전개하기 시작하면서 제록스는 다음과 같은 품질 방침을 선포했다. "제록스는 품질을 추구하는 회사이다(Xerox is the Quality Company)", "품질은 우리 사업에서 꼭 준수해야 할 기본 원칙이며, 품질은 내부, 외부 고객들의 니즈와 요구사항을 충분히 만족시킬 수 있도록 혁신적인 제품과 서비스를 제공하는 것을 의미한다. 품질 개선은 제록스의 모든 종업원 각자의 의무이다."

단계별
전달 교육 훈련

　일본 사람들은 "품질 향상을 하기 위하여 교육에서 시작해서 교육으로 끝이 난다."라고 자주 이야기했다. 컨즈 회장은 폭넓은 교육 훈련과 회사의 각별한 지원을 통하여 조직의 품질 향상을 위한 근본적인 변화를 이끌어 나가기로 결심했다. 품질 혁신이 왜 중요한지 그리고 그것을 통하여 회사가 부활할 수 있다는 것을 전 사원들이 이해할 수 있도록 해야만 했다. 전 세계에 흩어져 일하는 종업원 10만여 명을 교육시키려면 적어도 4년 이상의 시간이 소요될 것이라는 계산이 나왔지만 컨즈 회장은 이를 실행으로 옮기기로 결정하고 특별한 교육 훈련 방법을 고안해 내게 되었다. 간단히 말하자면 그룹 내에 누가 먼저 배우고 활용해 본 후 다른 조직원에게 가르치고, 가르침대로 실행되고 있는지 확인한다는 L.U.T.I(Learn, Use, Teach, Inspect) 방식이었다.

　일반적으로 전통적인 교육 방식은 교육생들을 강의실에 모두 모이게 한 후 가르치고 그들이 배운 것을 현장에 복귀하여 직접 적용해 보라는 방식이었다. 그러나 교육생들에게 새로운 지식과 기술을 전달하고 나서 얼마 지나지 않아 교육생들의 대부분은 교육 이전 상태로 되돌아가고 말기 때문에 기존의 교육 훈련 방식을 품질 개선 교육이나 행동 훈련에 적용할 경우에는 교육 효과의 반감기가 매우 짧을 것이라 판단했다. 따라서 이러한 이유로 제록스는 완전히 다른 교육방법을 도입했다. 관리자가 가장 먼저 배워서 직접 활용해 보고 자기가 배운 내용을 교육 전문가의 도움을 받아 다른 하위 관리자들에게 가르치고 그런 다음 교육받은 차하위 관리자 그룹이 학습한 내용들을 실제로 현업에 잘 적용하는지 판단한다. 여기서 판단이라고 함은 정해진 표준과 비교하여 합격, 불합격을 판정하는 일반적인 의미가 아니고, '관찰하고 평가하며 지도한다'는 것을 의미하는 것이다. 이러한 교육방법을 통하여 조직의 맨 위에서부터 교육이 시작되고 아래로 순서대로 교육을 실행하면 되는 것이다. 가장 모범적인 품질 교육을 실시하고 있다고 알려져 있는 모토로라도 한때 엄청 많은 교육비용을 투자하고서도 적절한 성과를 거두지 못하였던 경험을 한 바가 있는데 그 요인으로 조직의 맨 위를 제외하고 하부 조직에만 교육을 시켰기 때문이다. 이러한 관점으로 조직의 맨 위에서부터 교육이 시작되는 제록스의 단계별 훈련은 상당한 의미를 가진다고 할 수 있겠다. 또한, 모든 교육 훈련은 팀이나 부서 단위로 받도록 하여 그들이 공통적으로 접하고 있는 문제에 대하여 교육받은 내용을 공동으로 협업을 통하여 적용할 수 있도록 유도하였다. 그 당시에는 일반적으로 같이 일하는 그룹이 함께 교육을 받는 일은 흔치 않고, 각기 다른 기업이나 다른 업무 분야에 종사하는 사람들이 한 반이 되어 공부하는 것이 보통이었다.

L.U.T.I(Learn, Use, Teach, Inspect) 방식에서는 교육받고 활용해 본 사람이 하급자 그룹을 교육시킴으로써 가르치는 자와 배우는 자가 함께 깨우치고 발전하는 교학상장(敎學相長)의 효과를 거둘 수 있었다. 먼저 배운 사람들이 다음번에 차하위자를 가르치도록 미리 정해 놓으면 배울 때 좀 더 열심히 할 뿐 아니라 자기가 배운 것을 직접 가르쳐 봄으로써 배운 것을 보다 명확히 이해할 수 있게 되는 장점을 활용한 것

이다. L.U.T.I 교육방식은 평균적으로 일 인당 일주일에 48시간 정도의 교육을 받게 되는데, 교육받은 사람이 다음번에 차하위자에게 가르쳐야 함으로 결국 일 인당 96시간의 교육에 참여하는 셈이 되는 것이다. L.U.T.I의 시작은 컨즈 회장이 직접 참여한 일주일간의 교육부터 시작되었다.

품질상에
도전하는 이유

　컨즈 회장은 개선해야 할 문제점과 요인을 찾아내고 끊임없는 개선을 추구하기 위해서 정기적인 품질 진단 활동이 필요하다는 것을 깨닫게 되었다. 1987년 처음 실시된 제록스 사내 진단을 통해 한 가지 중요한 오류를 발견하였는데 1983년, L.T.Q(Leadership through Quality) 프로그램을 처음 실행했던 당시 자산 수익률(ROA), 시장점유율, 고객 만족도에 대한 목표를 세우고 이 세 가지 목표의 중요도는 모두 동일하다고 전제하였음에도 불구하고 회사 내에서는 전과 같이 재무적 척도인 ROA가 가장 중요하게 관리되고 있었다. 세 가지 목표가 모두 동일하게 중요하다고 평가의 기준을 전제한 것도 잘못된 판단이었지만, 사람들은 항상 이윤증대를 최우선으로 생각하고 있었다. 이를 타파하기 위하여 제록스는 고객 만족에 가장 높은 평가 비중을 두기로 결정했다. 고객 만족이 개선됨에 따라 시장점유율이 자연스럽게 올라가고 그에 따라 매출과 이익도 증가할 것이라 판단했기 때문이다. 고객 만족을 최우선으로 한다는 결정이 매우 의외로 생각될 수 있지만, 이것은 제록스 입장에서 매우 중요한 상징적 전환점이 됐다.

　1988년 10월 20일은 발명가 체스터 칼슨(Chester. F. Carlson)이 광전도 재료(전기 유무에 따라 전도율이 달라지는 물질)를 활용해 문서 복사 기술인 제로그라피(Xeroxgraphy) 기술을 발명한 지 50주년 되는 기념일이었다.

이때 마침 제1회 말콤 볼드리지(Malcolm Baldrige) 국가 품질상 신청을 받고 있었던 중이었으므로 이 국가 품질상에 도전하는 것에 대하여 깊은 관심을 가지고 진지하게 검토하게 되었다. 그러나 제록스는 말콤 볼드리지(Malcolm Baldrige)상의 수상 자체보다 심사를 준비하는 과정에서 그동안 성과와 시스템을 체계적으로 점검할 수 있기 때문에 지속적인 품질 혁신을 위한 훌륭한 자극제가 될 수 있다고 생각했다. 이런 생각으로 말콤 볼드리지(Malcolm Baldrige)상에 도전을 1년 뒤로 미루고 1988년 12월 컨즈 회장은 코네티컷 그린위치(Greenwitch)에 있는 하얏트 호텔에서 열린 제록스 사내 회의에서 2회 말콤 볼드리지(Malcolm Baldrige)상에 도전하기로 결정했다. 우리가 말콤 볼드리지(Malcolm Baldrige)상에 도전하는 이유 중에는 수상의 목적도 있지만, 사실은 회사의 품질 개선 노력에 대한 평가를 받아 보기 위한 것이라고 이야기했다. 단순히 수상을 받기 위해서 일을 하지 말아 달라고 당부를 했다. 이후에 제록스는 말콤 볼드리지(Malcolm Baldrige)상 심사를 준비하기 위해 사내 여러 부서에서 20명의 관리자를 선발하여 N.Q.A(National Quality Award) 퀼리티 어워드 팀을 구성하였다. 선발된 심사 준비 팀은 심사 기준에 따라 준비를 하는 과정에서 513개 항목의 결점들을 발견하게 되었는데, 이것은 제록스의 품질 수준을 한 단계 끌어올리기 위해 앞으로 무엇을 해야 하는지 동기부여 및 개선요소를 알려주는 귀중한 정보가 됐다. 결국, 이듬해인 1989년 11월 초 드디어 제록스가 국가 품질상의 수상 대상자로 확정되었다. 컨즈 회장의 취임 시에는 제록스 복사기의 그 많은 기종 중 최고 레벨이라고 판정된 기종이 하나도 없었으나 이제는 7개 기종이 최고의 평가를 받게 되었다. 또한, 제록스는 일본 기업들에 물려준 대기업 정부 보조금이나 관세 장벽 또는 자의적 수입 할당량 제한 등과 같은 어떠한 형태의 미국 정부의 지원을 받지 않고 자력으로 일본 기업을 물리친 미국 최초의 대기업이 된 것이다.

강자들의 무대로

글로벌 마켓

1989년 말콤 볼드리지(Malcolm Baldrige) 국가 품질상을 받고 난 이후에 제록스에는 많은 변화가 있었다. 1990년 8월 컨즈 회장은 어느덧 육십 세 정년을 맞아서 제2선으로 물러나게 되고 그 자리를 폴 올레어(Paul Allaire) 사장이 넘겨받았다. 폴 올레어(Paul Allaire) 사장은 "우리는 변함없이 최우선 순위는 언제나 '고객 만족'을 유지하는 것이고, 품질은 우리 사업의 기본 원칙이다."라고 품질 방침을 천명하였다. 또한, 그 당시 제록스는 앞으로 다가올 디지털 시대에 종이 없는 사무실(Paperless office)이 실현되면 복사기 비즈니스 진로는 과연 어떻게 변화될 것인지 심히 걱정해 왔다. 컴퓨터와 네트워크의 급격한 확산으로 오히려 종이 사용량이 매년 20%씩 증가했는데 문제는 복사를 통하여 종이 사용량이 증가한 것이 아니고 프린터 사용량 증가로 인한 증가였다는 점이었다. 제록스의 폴 올레어(Paul Allaire) 사장을 비롯한 경영진은 사업의 역점을 디바이스(장비와 기기)에서 문서 및 문서 서비스로 변환하고 제록스의 Market positioning을 전문 '다큐멘트 회사(The Document company)'로 재정립했다. 제록스의 이러한 변신의 노력은 말콤 볼드리지(Malcolm Baldrige)상 수상 후 새로이 수립한 'Xerox 2000'이라는 장기 플랜에 따른 것이었다. 여기서 다큐멘트란 전자문서, 인쇄물, CD 및

Tape를 활용한 광학적 저장 (또는 전송) 문서 등과 같이 모든 오피스에서 커뮤니케이션과 정보 전달을 하기 위한 모든 매체를 지칭한다.

이런 변신 노력으로 제록스는 프린트에 스캐닝 기능까지 부가한 첨단 디지털 복사기를 개발하게 되었다. 이 장비는 기존 복사기보다 더 빠르게 출력되고 기능 대비 가격이 저렴할 뿐만 아니라 컴퓨터와 연결하여 네트워크용 프린터로도 쓸 수도 있게 되었다. 제록스의 새 로고에는 'X' 자의 오른쪽 상단 부분을 점선으로 끊어 '디지털화 X'를 상징하였다. 제

록스가 다큐멘트 회사로써 프린터 시장을 확보하기 위하여 변신한 것과 마찬가지로 프린터 시장의 선두 주자인 HP는 복사기 시장에 또 다른 도전을 하고 있었다. 세계적 기업인 제록스가 HP와 피할 수 없는 치열한 승부를 할 수밖에 없는 운명에 따라 전 세계의 이목이 집중되고 있었다. HP 측에서는 복사기 업체로 이미지가 굳어진 제록스가 프린터 시장을 침투하기에는 그리 만만하지 않을 것이라고 예측하고 있었지만, 제록스에서는 종이 걸림 방지 기술과 프린터 디바이스에 적용할 수 있는 우수한 기술을 많이 보유하고 있었기 때문에 아무도 승부를 쉽게 단정 지을 수는 없었다. 이처럼 전 세계 시장이 글로벌 강자들의 무대로 좁혀지고 있기 때문에 경쟁의 치열함도 점차적으로 높아지고 있다. 오늘날의 품질이란 생산과 비즈니스 영역을 득정 짓기보나는 비즈니스 프로세스 그 자체인 것이다. 바야흐로 경영의 질이 문제가 되는 시대가 온 것이다.

제록스 사례가
주는 교훈

　품질 혁신에 관하여 제록스는 다른 어느 회사보다도 많은 실천적 경험을 갖고 있다. 제록스의 시스템 사업부가 1998년 제조업 부문에서 제2회 말콤 볼드리지(Malcolm Baldrige)상을 수상한 데 이어 비즈니스 서비스 사업부가 서비스 부문에서 말콤 볼드리지(Malcolm Baldrige)상을 수상했으며, 일본 후지제록스는 1980년 데밍상을 수상하였다. 1992년에는 영국의 랭크 제록스도 제1회 유럽 품질상(EQA) 본상을 수상했다. 제록스야말로 유일한 품질의 전관왕(全冠王)인 셈이 된 것이다. 제록스 신화의 주역이었던 데이비드 컨즈 전임 회장도 성공을 이뤄낸 기업으로써 무언가를 배우기 위해 제록스를 찾는다면 제대로 온 셈이라고 말한 바가 있다. 다음은 제록스가 경험한 많은 교훈 중 두 가지만 정리한 것이다.

외부 진단의
기회를 자주 활용하라

　제록스의 품질 여정에서 얻은 중요한 교훈 중 품질상에 도전함으로써 예상하지 못했던 것은 얻을 수 있었다는 것이다. 제록스에서는 이 예상하지 못했던 부가적 혜택이야말로 진정한 품질상이라고 한다. 조직에 동기부여를 하고 품질활동을 효과적으로 유지하려면 정기적으로 평가 및 진단이 필요하다. 제록스는 각종 품질상의 심사 기준에 따라 스스로 평가해 보는 것 자체가 매우 훌륭한 비즈니스 개선 도구라는 것을 여러 차례 경험하였다. 최초로 후지 제록스가 1980년 데밍상에 도전할 때 얻은 것이었지만 미국의 말콤 볼드리지(Malcolm Baldrige)상뿐 아니라 영국 프랑스 네덜란드 있는 제록스의 현지 사업부가 각각 그 지역의 품질상에 도전할 때 역시 동일한 경험을 하였다. 국가 품질상이 아니더라도 여타의 품질상에 도전하거나 외부 심사원에게 평가를 받아보는 것도 매우 유익하다. 제록스는 정책적으로 모든 해외 사업부에 현지 품질상에 도전하도록 강력히 권고하고 있다. 이미 제록스의 현지 사업 부문의 해외에서 받은 품질상은 이십 개가 넘는다.

　품질상이 없는 지역은 품질상 제도를 도입하라고 제안하고 있다. 품질을 향한 여정이란 마치 무거운 수레를 언덕 위로 밀어 올리는 것과 같아서 잠시라도 멈추면 결국 중력 때문에 언덕 아래로 미끄러져 내려오게 된다. 외부 평가는 품질을 지속적으로 밀어 올리는 데 큰 도움이 된다

가능한 목표 수준을
높게 잡아라

품질 개선의 목표를 높게 잡는 것이 중요하다. 제록스에서 고객 만족도 목표를 100%로 잡을 것인가 말 것인가에 대하여 경영진들끼리 논쟁이 벌어졌는데 경영진 중 일부는 고객이 평가하는 모든 요인을 모두 제록스가 관리가 가능한 것이 아니므로 100% 만족도 수준이란 현실성이 없다고 주장했다. 그러나 폴 올레어 사장은 다음과 같이 단순한 논리로 고객 만족도 100%를 목표로 삼아야 한다고 설득했다. 만약 100% 미만인 99%의 목표를 설정했다고 생각해 보면 그것은 우리 종업원들이 우리의 고객 중 1%에 대해서는 만족시키지 않아도 된다는 생각하게 될 것이다. 따라서 이러한 경우 우리는 불만족한 고객이 누군지 무엇 때문에 불만족스러웠는지를 찾아내려고 하는 사람이 아무도 없을 것이다. 따라서 고객 만족도 목표치를 100%를 정한다는 것의 의미는 제록스의 모든 종업원이 단 1%만의 문제도 결코 그대로 지나칠 수 없다는 철저한 의식을 조성해 주기 때문이다. 만약 이해할 수 없다면 그동안 실행해 왔던 통계적 품질관리에서 당연시되어 왔던 '그 정도의 분량이라면 참을 만하다'는 허용 가능한 합격 품질 수준(AQL: Acceptable Quality Limit)의 개념과 품질은 공짜(Quality is free)라는 개념 그리고 완전무결(Zero Defect)의 개념이 현장에 적용될 때 그 결과가 서로 어떤 차이를 보이게 할 것인지 생각해 보라. 마틴(Martin)사 Z.D(Zero Defect) 운동에서는 얻은 교훈도 '완전무결이 실현되지 못한 배후원인은 아무도 완전무결을 기대하지도 않았기 때문'이라는 것이다. 또한, 모토로라의 식스 시그마 (Six Sigma) 품질 수준도 5년 내에 10배의 품질 개선이라는 높은 목표를 세웠기 때문에 가능한 것이었다. 목표치를 높게 설정하기 위해서는 해당 항목에서 최고의 성과를 내고 있는 조직의 성과 수준을 벤치마크 삼든지 아니면 이론적으로 달성 가능한 한계치를 고려할 필요가 있다.

Quality 의미

1984년 제록스는 경영방법 쇄신의 일환으로 Total Quality 정책을 수립·전개하기로 하였다.

또한, Quality 정책의 전개 방법 및 이론을 모든 제록스 임직원들에게 교육을 시켰으며 또한 전 세계 각국의 제록스 회사에 전달되었다. 그 결과 제록스는 세계적인 회사로 발돋움할 수 있었으며, Quality 이론을 운영/적용시키는 선두 주자로서 인정받게 되었다.

이정 책의 기본은 Quality가 좋은 상품의 생산, Quality가 좋은 서비스를 고객에게 공급함으로써 고객 만족을 얻을 수 있다고 아주 Simple 하게 정의하고 있으며, 보다 나은 Quality로 가기 위한 우리의 역할을 명확히 설정하고 있다.

지금부터는 제록스에서 신입사원들에게 교육하는 Quality 의미를 소개해 보겠다.

제록스는 Quality Company이며 Quality는 제록스의 기본 방향이다.
Quality의 의미는 우리의 내부 또는 외부 고객에게 혁신적인 상품과 고객들의 요구에 만족할 수 있는 서비스를 공급함을 의미합니다.
따라서 Quality 개선은 모든 제록스인의 의무이기도 합니다.

Quality 개요

Quality와 관계된 두 가지 특정상품 또는 서비스를 잠시 생각해 보자. 많은 사람이 벤츠 자동차 또는 GODIVA 초콜릿이 비싸거나 사치스럽다고 생각해 본 적이 있을 것이다. 만일 그렇다고 생각해 본 적이 있다면 그것은 여러분뿐만은 아닐 것이다. 사람들은 자주 이러한 식으로 Quality를 생각하고 있다.

그렇지만 Business 측면에서 다른 뜻을 가지고 있다.
Business 프로세스에서 탁월한 그 어떤 것이 Quality라고 할 수 있을 것이다.
Quality가 의미하는 탁월한 것은 무엇을 의미하는 것일까? 그리고 어떻게 취할 수 있을까?
이제부터 Quality에 대하여 확인하여 보기로 하자.

Quality의 정의

(Definition of Quality)

Business 프로세스에서 Quality 정의는 매우 특이하다.

Quality의 의미는
내부, 외부 고객의 요구사항(Requirement)과 본인의 Output이 일치하는 것
을 의미합니다.

고객 그리고 OUTPUT

(Customers and outputs)

일반적으로 우리에게는 하나 이상의 고객이 존재하고 있다.

그리고 우리가 생산해 내는 Out put을 상품 또는 서비스라고 말한다. 그리고 Output을 전달 공급하는 사람 및 Group을 Supplier(공급자)라고 한다.

아래 그림에서 보는 바와 같이 고객은 내부고객(회사 내) 또는 외부고객(회사 외)이 있다. 모든 직원이 외부고객을 가지고 있지는 않지만, 내부고객은 가지고 있다.

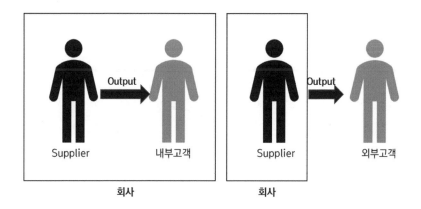

만일 고객이 내부에 있다면 그 고객들은 프로세스상에서 차공정 사람들이라는 것을 쉽게 알 수 있을 것이다. 따라서 내부고객에게는 전 공

정의 Quality가 매우 중요하다. 그리고 외부고객으로부터 비록 떨어져 있다고 하더라도 본인이 작업하고 있는 상품 또는 서비스의 Quality가 외부고객에게 어떠한 방법으로 전달되고 있는지를 중요하게 인식해야 할 필요가 있다.

그렇다면 Output을 만들기 위하여 무엇을 행하였는지 생각해야 한다. 예를 들자면, 생산라인의 사람들 입장에서 보면 소모품 공급을 하는 배송직원의 일과 배송계 직원의 Output을 단순한 '소모품'이라고 말하기 쉽다. 하지만 배송직원이 공급한 소모품을 만들었나? 아니다 그 사람은 그저 소모품만 전달한 것뿐이다.

위의 예에서 Output과 고객을 명시하고 있다. 첫 번째 기술한 Output은 이름(명사)이고, 두 번째 나타낸 것은 동사, 즉 Output을 생성하기 위하여 무엇을 하였는지(동사)를 설명하고 있다.

고객과 Output의 사례

OUTPUT(동사)	CUSTOMER(명사)
– 부품의 설계	Manufacturing engineer(내부)
– 소모품의 공급	공장 내 작업자(내부)
– Circuit board 조립	기계조립 작업자(내부)
– 복사기 판매	한·미 종합상사(외부)
– 기계 반출입 문서 작성	수주 담당자(내부)
– 복사기 서비스	복사기 사용자(외부)
– 영업 손익 보고서 작성	재정 관리자(내부)
– Memo 작성	관련 대상자(내부)

고객의 요구
(Customer requirements)

각 Output에는 고객의 요구사항이 포함되어 있다. 고객의 요구사항은 고객이 필요한 것, 원하고 있는 것이라고 정의할 수 있으며 또한 Output은 고객의 기대사항이라고 할 수 있다.

예를 들면 고객이 셔츠를 고를 때 크기(Large size), 색깔(파랑), 스타일(단정한)을 고려하는 것과 같다. 여러분이 TV를 구매한다고 가정한다면 여러분은 고객이 되고, 배달된 TV는 Output이 된다. TV 구매 시 여러분의 요구 또는 기대치는 무엇인가?

여러분은 아마도 다음과 같은 것을 생각했을 것이다. 내가 스스로 운반할 수 있는지, Cable은 포함되어 있는지, 화면의 크기, 화면 컬러, 정교한 화상, 고장률 등.

여러분의 고객들도 마찬가지로 여러분이 요구하는 내용과 같이 여러분의 Output을 기대할 것이다.

이러한 요구내용은 일반적이거나 아주 특별한 것일 수도 있겠지만, 중요한 것은 고객과 공급자 사이에 요구하는 내용에 대하여 상호 일치하게 하는 것이다.

Output은 일반적으로 한 가지 이상의 고객 또는 차공정의 요구내용을 포함하고 있으며, 때때로 표면화되지 않은 숨어 있는 요구내용이 포함되기도 한다. 아래와 같이 Output 유형별 간단한 요구사항의 실례를 들었다.

고객 요청(Customer requirements) 사례

	Output	Customer Requirements
보고서 작성	영업 손익 보고서	· 매월 10일까지 작성 · 매주 생산실적 및 수입/지출을 Chart로 작성
복사기 서비스	복구시간	· 서비스 요청 대하여 24시간 이내 해결 건 · 고장 재발 방지 보증
문서작성	문서공유	· 여백, format, 사내 문서관리 기준안 준수 · 양면 3부 Copy

일치(Conformance)

'일치'라는 의미는 고객 또는 차공정과의 합의된 요구사항이나 고객 또는 차공정과의 접점에서 생성된 요구사항에 대하여 만족할 수 있는 모든 Output을 의미한다. 고객 또는 차공정의 요구사항과 일치하지 않은 상태의 Output을 우리는 고객 또는 차공정의 '불만족'이라고 말할 수 있다.

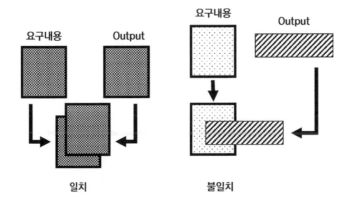

간단한 예를 들어 보겠다.

여러분은 책꽂이를 하나 장만하기로 결정하였는데, 벽 공간은 4feet 밖에 여유가 없다. 따라서 여러분(고객)은 가구 제조업자(공급자)에게 높이 3feet, 너비 4feet, 색깔은 회색, 탈착이 가능한 선반 2개의 책꽂이를 만들어 달라고 요청했다.

여기서 책꽂이의 치수(너비 높이), 선반의 숫자, 색깔 등은 여러분의 요구사항이다.

그런데 여러분이 아래와 같은 책꽂이를 받았다고 가정해 보자.

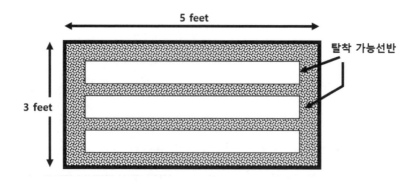

여러분은 만족할 수 있는가? 왜 만족할 수 없게 된 것일까? 단지 너비가 1feet 정도 차이가 있긴 하지만 여러분이 요구한 네 가지 요구조건에는 일치하였다. 하지만 1feet의 차이로 벽 공간으로 책꽂이를 넣을 수 없게 되었다. 여러분은 책꽂이가 정상적 Quality의 상품이 아니기 때문에 만족할 수 없을 것이다. 즉, 공급된 제품은 여러분의 요구조건과 일치하지 않고 있다.

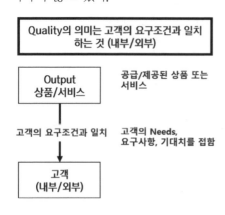

우리는 고객의 요구조건과 차공정인 Out Put과의 일치(Conformance)에 대하여 같이 생각하여 보았다.

이제 Quality의 정의에 대하여 Review를 하여 보겠다.

Quality의 확보
(Achieving Quality)

1) 일치 기준(Performance standard)

고객의 요구조건과 일치시키려는 노력과 행위는 상품과 서비스 (Output)의 Quality를 확보하기 위한 핵심 요소가 된다. 고객과 서로 요구조건에 대하여 일치한 상태로 협상 및 계약이 되었을 때 그 고객의 요구조건은 여러분이 Output을 제공하기 위한 공정(업무)의 기준이 될 것이며, 고객의 요구조건과 오차 없이 완벽하게 일치하는 것은 Quality의 목표이기도 하다.

고객의 요구조건과 일치하기 위한 고객과의 접점으로 2가지 System(방법)이 필요하다.

- 오류수집 확인, 감사 또는 평가라고 일컬음
- 오류 방지

여기 두 가지 System에 대하여 간단한 예를 들어 보자.

2) 오류 검출/수집: (정밀검사/감사)

J 씨의 구두 사이즈는 10 Medium이다. J 씨가 구두를 구매할 때 제

화점 쇼윈도 안쪽에서 그가 좋아하는 스타일의 구두를 발견하고 제화점으로 들어가 구두를 샀다. J 씨는 며칠 동안 구두를 신고 다녔는데 만일 이미 구입한 구두가 너무 꼭 끼인다면 늘리려고 할 것이고, 만일 헐거우면 안감을 덧붙이려고 할 것이다.

만일 그렇게 할 수 없다면 그 구두는 버리게 될 것이다.

J 씨는 오류를 찾아내는 SYSTEM이 있다.

3) 오류 방지

K 씨의 구두 사이즈는 8 Narrow이다. K 씨가 구두를 구매할 때 제화점 쇼윈도 안쪽에서 그가 좋아하는 스타일의 구두를 발견하고 제화점으로 들어가 구두를 신어 보았다. K 씨는 5분간 구두를 신고 제화점을 돌아다녀 보았다. 그러고 나서 구두가 발에 맞았을 때 구매를 하였다.

K 씨는 오류 방지의 SYSTEM이 있는 것이다.

오류 방지를 위한 SYSTEM의 예

- 회의 시 서두에 Agenda를 표시한다.
- 서류를 작성하기 전 어떻게 전달할 것인지 생각한다(단면/양면, 복사 수량, Binding Type).
- 미리 생각해 둔다.
- 신상품 개발 이전 시장조사를 실행한다.
- System을 도입하기 전 요구조건과 일치하는지 확인한다.
- 선행적으로 고객의 요구내용과 합의한다.

OUTPUT 측정
(Measuring outputs)

만일 Quality Meeting에서 고객과 합의된 고객의 요구조건과 여러분의 작업 기준이 차이가 없다면 오차 없이 작업을 잘 수행할 수 있는 방법을 찾는 것만 남아 있다.

그리고 나서 여러분은 고객의 요구조건에 대하여 Output을 비교·평가해야 한다

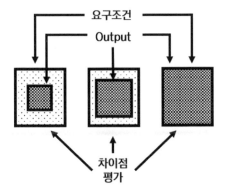

얼마나 잘했는지 평가하고 더 좋은 Output을 얻기를 원한다면 지속적으로 평가 및 PDCA 사이클을 돌려야 한다. 이것이 Quality 개선을 하기 위한 중요한 내용이다.

Review

   항상 고객의 요구조건에 대하여 완벽하고 철저하게 일치시키는 것을 목표로 해야 한다. 이를 달성하기 위하여 오류검색 및 오류방지 System 또는 Process를 운영해야 한다. 또한, 고객의 요구조건에 대하여 Output을 평가하며, 미흡한 부분이 있을 때 개선안을 찾아야 한다.

고객 만족
(Customer satisfaction)

이미 설명한 바와 같이 고객 만족은 비즈니스 활동에서 최우선의 목표이며, 과제이다.

우리의 상품이 고객의 요구조건과 일치한다면 고객이 만족할 것이라는 내용을 어렵지 않게 알 수 있으며, 고객 만족은 Quality의 개선과 노력의 자연적 산물인 것을 알게 되었을 것이다.

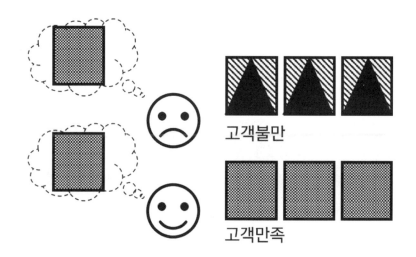

혹시 우리의 고객이 무리한 요구를 하더라도 주의를 기울여야 하며, 고객이 말하지 않더라도 업계에서 기본적으로 통용되는 요구사항과 숨

겨진 고객의 바람이 있음을 알고 있어야 한다.

현장부서에서 활동하는 사람이라면 일반적으로 매일 수많은 고객과의 접점이 있다. 이러한 접점을 '진실의 순간(Moments of truth)', 즉 고객의 진정한 마음을 접하고 알 수 있는 순간이라고 호칭하고 있다.

또한, 모든 고객은 다음과 같이 생각할 것이다.

"이번 거래에서 나의 요구조건에 대하여 상대편은 얼마나 나에게 관심을 갖고 나의 제안에 얼마나 맞추어 줄 수 있을까?"

그러므로 상품을 만들고 서비스를 제공하는 행위 이면에는 고객의 요구조건과 일치되도록 노력해야 하며, 상품 및 서비스를 제공하는 입장에서는 고객과의 모든 접점을 통하여 고객들이 우리 비즈니스 동반자로서 지속적으로 유지하기를 원하도록 확신을 주어야 한다.

오래전 고객 만족 서비스를 강의하시는 장정빈 교수께서 전해주신 일화이다.

어떤 젊은 만삭의 임산부가 아기 출산 준비를 하기 위하여 백화점 매장 이곳저곳을 들르다가 어느 유아 옷 매장으로 들어와 아기 옷을 고르고 있었다고 한다. 아마도 임산부 입장에서는 곧 태어날 예쁜 아기를 상상하며 옷을 고르고 있었기 때문에 유아 옷 매장 점원 입장에서 매출을 올리기 그리 어렵지 않았을 것이다. 하지만 이 점원은 젊은 임산부에게 다가가 이렇게 말하더라는 것이다.

"언제 출산 예정일인가요? 일반적으로 아기가 태어나면 아기의 친·인척분들이 아기 옷을 많이 보내 주시기 때문에 지금 미리 옷을 준비해 두시면 나중에 아기 옷이 너무 많아져서 지금 미리 구입해 두실 필요까지는 없을 것 같습니다. 지금은 옷만 구경하고 가시고 나중에 아기 낳고 다시 오시면 제가 예쁜 옷을 보여드리겠습니다."

임산부 입장에서 미처 생각하지 못했던 내용을 깨우쳐 준 덕분에 너무 고맙게 생각하고 이후 오랫동안 그 유아 옷 매장의 충성고객이 되었다고 한다.

이처럼 고객이 표시하지 않았던 것도 찾아서 Quality를 제공한다면 이 또한 고객 만족을 위한 훌륭한 전략이라는 것을 간과하지 말아야 할 것이다.

Cost of Quality

 'Cost of Quality'를 어떠한 제품과 서비스를 제공하기 위하여 수행하는 프로세스에 대한 비용이라고만 생각할 수 있는데 하지만 그것은 일부분에 불과하다. 'Cost of Quality'는 고객의 요청에 대하여 잘못 시행한 것에 대한 손실 비용도 포함하고 있음을 이해하고 있어야 한다. 따라서 'Cost of Quality'를 고객의 기대와 비교하여 '일치 비용+불일치 비용+기회손실 비용'이라고 정의할 수 있다. 밑의 그림은 Quality 별 Cost 구성을 예로써 보여주고 있다.

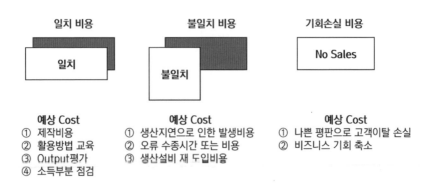

일치 비용	불일치 비용	기회손실 비용
일치	불일치	No Sales
예상 Cost ① 제작비용 ② 활용방법 교육 ③ Output평가 ④ 소득부분 점검	**예상 Cost** ① 생산지연으로 인한 발생비용 ② 오류 수종시간 또는 비용 ③ 생산설비 재 두입비용	**예상 Cost** ① 나쁜 평판으로 고객이탈 손실 ② 비즈니스 기회 축소

 만일 고객의 요구내용을 들어주기 위하여 소액의 비용을 사용하였으나 결국 고객의 요구조건에 일치하지 않았을 경우 불일치 비용(고객의

Needs에 만족시키기 위한 재투자 비용)이 증가할 뿐 아니라 Quality 결핍 (기회손실)의 증가로 수익도 향후 비즈니스 기회도 희박해질 것이다.

반면에 만일 고객의 요구내용에 일치시키기 위하여 좀 더 많은 비용을 투자하였을 경우 오히려 고객의 요구내용에 불일치로 발생하는 비용은 감소되고 기회손실도 줄어들 것이다.

아래의 그래프에서 보는 바와 같이 고객의 요구사항에 일치하기 위한 초기 비용을 좀 더 투자하였을 때 일반적 Quality Cost가 전반적으로 감소된다.

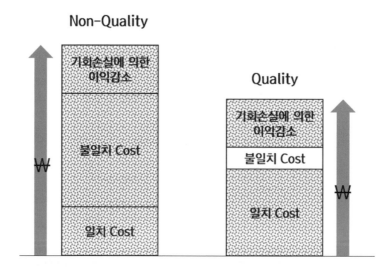

Quality Improvement Process

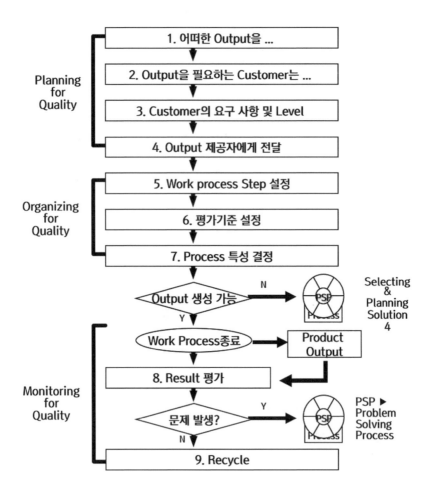

Planning for Quality
- 1. 어떠한 Output을 ...
- 2. Output을 필요하는 Customer는 ...
- 3. Customer의 요구 사항 및 Level
- 4. Output 제공자에게 전달

Organizing for Quality
- 5. Work process Step 설정
- 6. 평가기준 설정
- 7. Process 특성 결정

Output 생성 가능 — N → PSP Process — Selecting & Planning Solution 4

Monitoring for Quality
- Work Process종료 → Product Output
- 8. Result 평가
- 문제 발생? — Y → PSP Process — PSP ▶ Problem Solving Process
- 9. Recycle

05

Benchmarking

벤치마킹은 20세기 후반 이후 많은 기업이 저조한 경영실적을 타파하기 위하여 자주 사용하는 경영기법 중 하나이다. 1980년대를 전후하여 벤치마킹은 전 세계적으로 유행하기 시작하여 기업은 효과적으로 성과를 향상시키거나 경쟁력 개선에 큰 기여를 했지만 동시에 단순히 우수기업 모방이나 첨단기법 도입 정도로 그치는 경우가 많아 비판의 대상이 되기도 했다. 벤치마킹 효율성에 대하여 경영 현장에서도 의견이 다양하기도 하고 또한 많은 찬반 논란이 있었던 것도 사실이다. 실제로 최고의 성공사례(Best Practices)를 벤치마킹해도 최초의 기대보다 만족한 성과가 나오지 않거나 심각한 역효과로 인하여 오히려 해가 되었던 사례도 많다. 따라서 벤치마킹이 기업에 효과적으로 기여하려면 먼저 벤치마킹할 것인지 여부와 왜 벤치마킹을 하려고 하는지부터 깊게 고민해야 한다. 또 만일 벤치마킹을 해야 한다면 언제 무엇을 어떻게 벤치마킹할 것인지를 따져 본 후 결정하고 합리적으로 접근해야 한다.

벤치마킹의 본질은

1. 최고로부터 배우고
2. 최고를 추월하며
3. 최고를 초과한다.

이러한 본질을 추구하기 위하여 우리는 몇 가지 핵심 프로세스를 효과적으로 활용해야 한다.

1) 자사(본인)의 개별 직무(업무)의 기대치를 명확히 하고
2) 자사가 개선하고 혁신해야 할 것을 확인하여 구체적으로 문제와 원인을 찾아내고
3) 위의 두 가지 요소를 기준으로,
   – 개선과 혁신을 요구하는 비즈니스 영역에서 최고치의 목표를 확인하고
   – 목적에 적합한지 검토하여 최상의 비즈니스 모델을 선택한다.

개선이 혁신과 구별되는 이유는 혁신은 항상 필요하거나 시행할 수 있는 것은 아니기 때문이다. 또한, 자신이 벤치마킹을 해야 할 프로세스가 있다는 것이 반드시 자신의 수준이 모든 면에서 저조하다고 할 수 없다. 오히려 다른 회사가 좋은 결과를 만들어 내지 못했던 프로세스에 대하여 자신이 최고로 평가되거나 상대적으로 높은 성과를 발휘하는 경우도 종종 있기 때문이다.

선택한 프로세스가 가장 적합하고 최고라고 생각될 때,
우리는 무엇을 어떻게 해야 할지를 명확하게 이해하고, 어떻게 최선의 노력을 해야 할지 계획을 세워야 하기 때문에 벤치마킹을 올바르게 시작하기 위하여 올바른 모델을 찾는 것이 무엇보다 중요하다고 할 수 있다.

벤치마킹이란 무엇인가?

1) 벤치마킹의 이유는 무엇인가?

벤치마킹에 대한 관심과 요구가 지속적으로 증가하고 있기 때문에 벤치마킹이 무엇인지, 벤치마킹을 어떻게 수행해야 하는지 자주 회자되곤 한다.

벤치마킹이 더욱 주목받고 있는 이유 중 하나는 경쟁이 갈수록 치열해지기 때문에 빠르게 대처하거나 경쟁 우위를 차지하지 못한다면 경영에 큰 손실이 발생할 수도 있기 때문이다.

따라서, 현재의 비즈니스 환경에서 높은 고객 만족률을 확보하고 타사대비 경쟁력을 확보하기 위하여 벤치마킹을 효과적으로 활용한다면 경영활동에 큰 도움이 될 것이다.

또한, 벤치마킹은 동종 업계뿐만 아니라 타 업종에서도 우수한 프로세스를 찾아서 자사가 기대하는 목표를 달성하기 위하여 벤치마킹 프로세스를 선택하고 실행하는 것이다.

아래는 벤치마킹의 핵심 개념이다.

– 지속적인 개선
– 최고를 초과

벤치마킹의 결과로 자신의 회사나 부서에서 문제점을 확인하고 문제 수준과 벤치마킹 수준, 즉 모범 사례와 얼만큼의 격차가 있는지를 확인할 수 있다. 내부 결과나 프로세스 분석을 통하여 단기적으로 벤치마킹 대상 수준을 목표로 설정할 수도 있겠지만, 궁극적으로 벤치마킹 대상을 뛰어넘어 추월하는 목표를 세워 최고를 능가하도록 계획되어야 한다.

따라서 회사가 설정한 목표 중 일부는 벤치마킹 갭 분석을 통하여 최고를 추월하도록 하여야 하며 최고를 초과하는 목표를 세우기 위해서는 최고의 시책과 프로세스를 도입하기보다는 자신만의 새롭고 혁신적인 프로세스를 만들어야 한다는 것을 명심해야 할 필요가 있다.

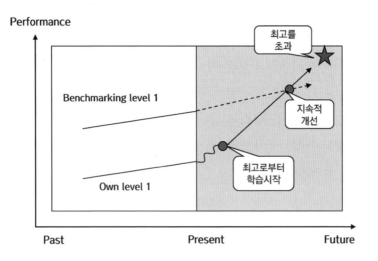

2) 무엇이 벤치마킹인가?

벤치마킹은 본래 토목 현장에서 강물의 수위를 측정하기 위해 표시하였던 기준점을 벤치마크라고 했는데, 이제는 산업분야에서 우수한 대상을 목표로 하여 자사와의 성과 차이를 비교하고 차이를 극복하기 위하

여 목표기업의 우수한 운영 프로세스를 학습하고 개선하는 기법을 벤치
마킹이라 부르고 있다.

– 손무의 『손자병법』과 'Best of Best'

벤치마킹에는 두 가지 주요 개념이 있다.

그중 하나는 2,500년 전 중국에서 태어나 전략가로 유명해진 손무가 저술
한 『손자병법』을 통하여 이해할 수 있는 부분이 있다. "지피지기(知彼知己)
백전불태(白戰不殆) ", 즉 적을 알고 자신을 알고 있다면 전투가 위태롭진
않을 것이다. 이것은 사업에서도 적용할 수 있는 기본 콘셉트이다.

다른 하나는 일본어 단어인 '단토츠(ダントツ, Dantotsu)'로써, 몇 년이 걸려도
타사가 뒤따라올 수 없는 상품을 만드는 것, 즉 경쟁에서 단연코 선두에 서
는 것을 추구하는 것을 의미한다.

벤치마킹은 손무의 콘셉트를 바탕으로 '단토츠' 레벨을 추구하기 위한 끊임
없는 노력이라고 말할 수 있는 것이다.

3) 이런 것은 벤치마킹이 아니다.

– 현장 투어 및 방문

벤치마킹은 종종 현장 투어 방문과 같은 것으로 오해되거나 벤치마킹 대상
의 회사를 의미 없이 방문하는 것으로 알려져 있다. 그러나 단순히 회사를
관찰하는 경우 벤치마킹이라고 할 수 없다.

벤지마킹을 정확히 활용하기 위하여 최고의 회사와 비교하고 차이점을 분
석하고 자신의 프로세스에 적용하기 전에 무엇보다 먼저 자신의 회사에 대
한 철저한 연구가 사전 실시되어야 한다. 따라서 제한된 시간 동안에 필요
한 모든 정보를 수집하고, 모든 정보를 충분히 활용하기 위해 방문의 목적
과 관찰해야 할 사항들을 신중하게 검토해야 한다. 또한, 분명한 것은 방문

이 수동적인 태도로 이루어지면 얻을 수 있는 것은 아무것도 없을 것이다.

− 모방 및 스파이

벤치마킹은 다른 회사와 비교하여 성공적인 프로세스나 운영방법을 자신의 회사에 무조건 적용하려는 모방의 개념으로 잘못 해석하는 경우가 있다. 그러나 이러한 모방은 본인의 회사 업무 프로세스의 개선이나 혁신으로 이어지기는 어렵다. 최고의 레벨을 추월하고 초과하려면 자신의 회사에 효과적으로 잘 적용할 수 있도록 독창적이고 새로운 방법으로 만들어져야 한다. 또한, 벤치마킹의 목적으로 공개적으로 구체적 정보를 요청하거나 스파이같이 상대 회사 몰래 정보를 수집하거나 도용하지 않아야 한다.

벤치마킹의 역사

1) 벤치마킹의 기원

제록스는 1970년대 후반에 벤치마킹을 통하여 동종업계 경쟁에서 우위에 서기 시작했는데 이 벤치마킹 활동은 1974년 후지 제록스의 경쟁 분석에서부터 시작되었다.

1970년 제록스의 미국 시장 점유율은 95%였지만, 1976년에는 80%로 하락하였다. 1970년대 후반에는 일본 내 다수의 복사기 경쟁업체들이 미국 시장에 진출함에 따라 제록스 점유율은 1982년에 13%까지 급격히 하락했다.

이즈음 제록스는 비즈니스 구조 조정을 위한 해결책을 찾기 위해 고군분투하고 있었는데, 마침 제록스를 방문 중이던 일본 후지제록스의 고바야시 회장의 초청으로 몇 명의 연구원을 일본 후지 제록스로 보낼수 있었다.

일본으로 건너온 연구원들은 후지 제록스뿐만 아니라 일본 내 경쟁업체와도 비교·연구를 했으며, 이를 통하여 신제품의 개발 비용과 인건비 구조가 제록스와 큰 차이가 있다는 것을 발견했다.

그 당시 제록스는 일본의 경쟁사보다 두 배나 많은 비용을 지출하고 있었기 때문에 후지 제록스와 경쟁 분석을 하기 위하여 연구원들은 제록스의 경쟁력을 분석하기 시작했다.

그 결과, 아래와 같이 제록스가 일본의 경쟁사 대비 비효율적으로 운영하고 있다는 내용을 확인할 수 있었다.

- 일본의 경쟁사보다 20배 더 많은 공급업체
- 제조비용은 일본 경쟁사의 마케팅 가격과 거의 동일
- 부품의 원가는 일본 경쟁사 대비 5배
- 일본 경쟁사보다 7~10배 높은 오작동률
- 이중 간접비용
- 간접인원의 비율은 제록스가 일본 경쟁사보다 1.3배

이러한 이유로 인하여 프로세스를 완전히 개선하기로 결정하고 다양한 방법으로 벤치마킹을 실시하게 되었다.

특별히 L.L. Beans는 창고 운영방법을 개선하기 위해 벤치마킹을 하였으며, 그 결과 200만 달러의 재고를 감소할 수 있었고 배송사원을 5,000명 이상에서 500명 미만으로 줄일 수 있었다. 또한, 청구 프로세스의 경우 아메리칸 익스프레스를 벤치마킹하여 간접 운영 비용을 50% 정도 성공적으로 절감할 수 있게 되었고, 고객 만족도 개선은 38%, 조달 비용을 40%, 공급업체 수는 10% 미만으로 감소할 수 있었다.

이러한 벤치마킹 결과 제록스는 Q.C.D: 품질(Quality), 비용(Cost), 납기(Delivery)를 효과적으로 개선할 수 있었다. 그로 인하여 시장 점유율을 46%로 회복했으며, 1989년 말콤 볼드리지 국가 품질상까지 수상하게 됐다. 그리고 수상식 행사에서 제록스는 벤치마킹이 회사 발전에 어떻게 기여했는지 소개를 하였다.

이와 같이 제록스는 1970년대에 후지 제록스의 경쟁사 분석을 통해

벤치마킹을 실행하여 실질적인 성과를 얻게 된 것이다

2) 벤치마킹 개발

1980년대에 들어서 벤치마킹의 개념은 보다 완벽하게 더 넓은 범위로 발전하였다.

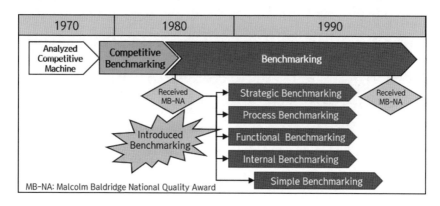

성과 벤치마킹에서 비즈니스 프로세스 벤치마킹으로 개념을 확장함으로써 경쟁업체에서 다른 산업으로 벤치마킹 초점이 옮겨가게 되었다.

또한, 프로세스를 혁신하기 위해 전략적 벤치마킹이 시행되었으며, 비즈니스 범위가 글로벌화되기 시작하면서 벤치마킹도 해외 사례까지 포함시키며 역동적인 방식으로 변화하기 시작했다.

제록스가 1989년 말콤 볼드리지 국가 품질상을 수상했을 때 벤치마킹은 미국 전역에 도입되어 미국 내 많은 회사에서 벤치마킹 활동을 시도하게 되었다. 이후 부서 또는 회사의 모범 사례를 배우는 데 중점을 둔 내부 벤치마킹이 주목받기도 했다.

최근에는 본인의 업무 목적에 맞게 개별적 문제를 해결하기 위해 간단한 벤치마킹을 수행하기도 하게 되었다.

3) 미국에서 벤치마킹의 위치

제록스에서 개발 및 배포된 벤치마킹 수법은 미국 산업 전역에서 매우 중요한 기여를 했다.

1970년대에 이어 1980년대에 TQC와 같은 경영방식의 변화로 인하여 일본이 번영하고 있을 때, 미국은 경기 침체로 경쟁력 악화로 어려움을 겪고 있었다.

1990년대는 일본 경제가 둔화되기 시작했지만, 미국은 일본에서 TQC와 TPM을 학습하여 품질을 개선하고 리엔지니어링과 벤치마킹을 통해 경쟁력을 되찾는 노력을 하게 되었다.

미국이 벤치마킹을 활성화할 수 있었던 또 다른 이유는 말콤 볼드리지 국가 품질상 덕분이라고 말할 수 있다. 말콤 볼드리지는 레이건 행정부의 상무부 장관으로 국가 경쟁력의 장기적인 개선에 기여했고, 1987년 8월, 일본의 데밍 어워드를 참조하여 미국 기업의 생산성과 경영을 개선하기 위해 품질 개선법을 제정하게 되었다.

그 직후 레이건 대통령은 말콤 볼드리지의 이름을 따서 이 법안을 지명했고, 동시에 1988년 말콤 볼드리지 국가 품질상을 제정하여 미국 내 산업분야 중 최우수기업을 선정하여 수여해 오고 있다.

또한, 벤치마킹을 촉진하기 위해 1991년에 미국 생산성 및 품질 센터(APQC)에 국제 벤치마킹 클리어링 하우스(IBC)가 설립되었다.

이 조직은 벤치마킹과 관련된 문서를 게시하고 세미나를 통하여 데이터베이스를 제공하는 서비스를 제공하였으며, 뒤이어 유럽, 아시아 태평양 지역뿐만 아니라 남미와 아프리카에도 유사한 조직이 설립되었다.

4) 일본의 벤치마킹

일본 품질상은 1996년에 일본 산업 활성화를 위해 설립되었다.

설립 목표는 관리품질을 개선하기 위해 경쟁 분석 및 벤치마킹이 어떻게 활용되는지 평가하는 것이다. 또한, 경쟁력 분석 및 벤치마킹의 효과를 살펴보고 필요한 개선과 어떻게 연결되었는지 확인하여 '비즈니스 전략 및 핵심 프로세스', '비즈니스 결과 및 고객 만족도' 측면에서 회사의 강점을 객관적으로 증명할 수 있는 기회가 되기도 하였다.

일본 품질상과 말콤 볼드리지 국가 품질상에서 볼 수 있듯이 경쟁력을 높이고자 하는 기업들에게 벤치마킹은 무시할 수 없는 중요하고 필수불가결한 활동으로 자리매김하게 되었다.

일본 벤치마킹 추진위원회는 일본 품질상을 홍보하는 경영품질협의회에 의해 설립되었는데, 벤치마킹 추진위원회는 국제 벤치마킹 클리어링 하우스의 비즈니스 파트너로 미국에서 벤치마킹을 추진하고, 일본 IBC 벤치마킹 세미나를 개최하여 매월 회의에서 많은 모범 사례를 소개하기도 했다.

지식 벤치마킹 촉진을 위한 미국과 일본의 비교

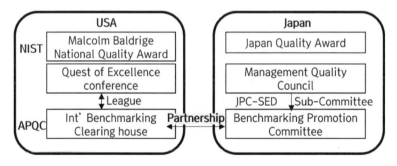

벤치마킹의 유형

1) 내부 벤치마킹

기업 내 Best practices와 관련하여 타 부문 또는 타 지역까지 확대하여 Supply Chain(가치 사슬)에 대하여 비교한다. 필요한 데이터 또는 노하우를 기업이 보유하고 있는 경우가 많아서 실행하기가 용이하다. 따라서 사업 또는 업무의 범위가 다양한 기업의 경우 큰 효과를 기대할 수 있다.

2) 경쟁/외부 벤치마킹

동일한 전략 또는 동종업계로, 고객을 경쟁적으로 공유하는 경쟁사를 대상으로 한다. 이러한 방법은 공개된 경영성과 정보를 바탕으로 경쟁사의 공급업체 또는 고객을 통해 수집한 정보를 통해 정성적으로 Data Gap을 확인하여야 하기 때문에 실행하기 어렵다. 일반적으로 협회 또는 컨설팅 기관에서 벤치마킹을 통하여 추론하는 경우가 많다.

3) 비경쟁적 벤치마킹

사업활동의 모든 분야(제품, 서비스, 프로세스)의 가장 우수한 성과를 보이는 비경쟁 기업의 동일한 분야를 대상으로 벤치마킹하는 방법이다. 이 방법은 혁신적으로 벤치마킹할 수 있는 가능성이 큰 반면에 사례를 자사에 맞추어 독창적으로 변경해야만 효과를 볼 수 있고, 때에 따라서 벤치마킹 대상의 프로세스를 자사에 접목하지 못하는 경우도 많다.

4) 글로벌 벤치마킹

산업에 관계없이 세계적으로 인정받고 있는 선도 기업들을 대상으로 실행한다. 진정으로 최고를 벤치마킹하는 것이기 때문에 성과 측면에서 가장 큰 개선을 이끌어 낼 수 있다. 또한, 경영진을 기존 틀에서 벗어나게 유도할 수 있는 기회가 있어서 기존 시스템에서 미흡했던 점을 환기시킬 수 있다. 반면에 문화 및 제도적 차이로 발생하는 오류 발생 가능성이 크다는 단점도 있다.

5) 성과 벤치마킹

자사의 제품이나 서비스, 가격, 사양, 품질, 내구성, 안정성 등과 같은 요소를 측정하고, 분석·비교하여 개선한다. 제록스 경우, 엔지니어들이 복사기 품질 개선을 위해 캐논이나 샤프 등의 경쟁사를 연구하여 품질 개선을 한 것이 해당된다.

6) 프로세스 벤치마킹

자사와 유사한 프로세스를 수행하거나 사업을 하는 타 기업의 조직에서 관련 절차나 과정을 배우는 것이다. 대금 지급 절차, 검수 절차, 고객 응대 절차, 제품교환 및 환불 절차와 같이 업종이 동일하지 않더라도 배울 수 있는 점이 있다. 예를 들면 제록스는 L.L.Bean이라는 의류 회사를 벤치마킹하여 유통 방식을 배웠으며, 그로 인하여 비용 절감, 매출 증대 같은 직접적인 결과로 이어져 비교적 단기간에 재정적인 성과를 드러냈다.

7) 기능적 벤치마킹

조직 안에서 개선하려는 제조, 서비스 등 특정 범위에서 업종에 특별히 관계하지 않고 제품이나 서비스, 작업 프로세스 등 어떠한 기능을 탁월하게 수행하는 기업을 비교하여 배우는 활동을 의미한다. 일반적으로 제조나 영업, 엔지니어링 같은 분야는 기능과 더불어 작업 프로세스에 초점을 두고 있는 편이기 때문에 기능적 벤치마킹은 프로세스 벤치마킹의 하나로, 다른 회사 또는 다른 조직의 기능과 비교하여 기능적 개선 또는 혁신에 대한 아이디어를 얻을 수 있다.

8) 전략적 벤치마킹

자사의 경쟁력을 고도화하기 위해, 업종이나 사업 특성에 관계하지 않고 다양한 기업에서 우수사례나 성공 비결을 학습하는 활동이다. 프로세스 벤치마킹과 성과 벤치마킹이 특정 분야에 대한 지엽적인 개선 활동이라면, 전략적 벤치마킹은 기업 전체를 대상으로 하는 포괄적인 경영 활동이다. 하지만 회사 전체 경영에 대한 벤치마킹이므로 프로세스 벤치마킹처럼 성과가 빠르게 나타나기는 어렵다.

벤치마킹 효과

벤치마킹은 1) 비교할 내용 2) 포커스 범위, 3) 비즈니스 범위를 결합하여 실행한다.

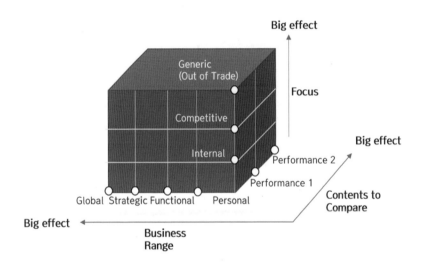

일반 벤치마킹, 개인 벤치마킹에서 글로벌 벤치마킹에 이르기까지의 비즈니스 범위

예를 들어 경쟁사와 비교하여 개발 프로세스 벤치마킹은 '비교할 내용=프로세스', '벤치마킹 초점=경쟁사', '비즈니스 범위=개발', '프로세스=기능'의 조합으로 설명될 수 있다.

내용을 비교하는 순서가 성능 벤치마킹에서 프로세스 벤치마킹에 이르기까지 시작되면 내부 벤치마킹에서 외부 벤치마킹에 이르기까지 더 나은 결과를 기대할 수 있다.

체적이 클수록 내용(벤치마킹의 포커스 × 비즈니스 범위)이 더 커지므로 벤치마킹의 효과가 커지는 것이다.

성과 벤치마킹과
프로세스 벤치마킹의 차이

1) 성과 벤치마킹

성과 벤치마킹은 자사의 제품이나 서비스를 타사와 비교하여 가격, 사양, 품질, 제품의 내구성이나 안정성, 서비스 대응시간 같은 요소를 비교하여 벤치마킹을 수행해야 하는 성능 또는 특성을 구분하는 것이다. 따라서 벤치마킹 대상과 비교하여 목표를 설정할 수 있다.

2) 프로세스 벤치마킹

반면에 프로세스 벤치마킹은 자사와 성과, 성능의 격차가 있는 벤치마크 목표 기업과 비교하여 성능 격차를 유발하게 하는 프로세스를 찾아서 자신의 프로세스를 개선하거나 혁신 활동의 목표가 될 수 있다.

3) 정보 수집의 차이

성과 벤치마킹은 제품을 비교하거나 공개적으로 공개하는 정보를 비교하여 정보를 수집할 수 있다. 그러나 프로세스 벤치마킹의 경우 정보 수집이 어려울 수 있다. 공개된 문서를 통하여 올바른 정보를 찾기는 쉽지 않으며, 벤치마킹 대상 회사를 방문하여 정보를 수집하는 것이 더 쉬울 수 있다.

4) 일반 벤치마킹의 예

일반 벤치마킹은 가장 독특하고 역동적인 벤치마킹 중 하나이다.

몇 가지 예를 여기에서 설명하겠다.

제록스는 유통 비용을 줄이기 위해 창고에서 주문 프로세스를 벤치마킹을 하였으며 또한 우편 주문 제조업체인 L.L. Beans를 벤치마킹하였다. 결국 효율적으로 주문 작업을 개선할 수 있었고, 재고 및 공급업체 감소에도 효과적으로 영향을 줄 수 있었다.

제록스는 또한 아메리칸 익스프레스의 청구 프로세스를 벤치마킹하여 고객 만족도를 높이고 간접비용 및 조달 비용을 줄이는 결과를 얻을 수도 있었다. 이는 완전히 다른 산업에서 자사가 필요한 핵심 요소를 확인하고 배움으로써 개선한 일반적 벤치마킹이라고 할 수 있다.

사우스웨스트 항공은 항공편 수를 늘리기 위해 급유 및 수리에 소요되는 시간을 단축하고자 했다. 벤치마크의 대상으로, 그들은 인디애나 폴리스 500마일 자동차 경주를 벤치마킹하기로 결정했다. 그 결과 그들은 보다 효과적으로 급유 및 수리 시간을 대폭 단축시킬 수 있었다.

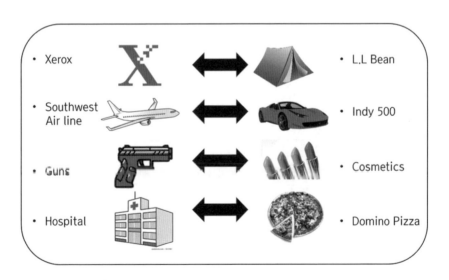

또 다른 예로써 총알이 오프 시즌 동안 녹슬었다는 고객으로부터 클레임을 받은 총기 제조업체가 화장품 회사를 벤치마킹하기로 결정하고 립스틱 케이스에서 아이디어를 얻어 개선했으며, 도미노 피자 배달을 통하여 응대시간을 단축시킨 응급 병원의 사례도 있다.

그들은 모두 다른 산업에서 배운 것을 자신의 개선과 혁신에 연결시킨 것이다.

이러한 벤치마킹을 구현하려면 문제를 의식적이고 직관적으로 바라보고 창의적인 마음으로 대하여야 한다. 따라서 벤치마킹은 단순히 모방이 아니라 다른 회사의 모범 사례를 배우는 것에서 시작하는 창의적인 활동인 것이다.

벤치마킹의 실용적 사용

1) 경영품질 개선 활동 및 벤치마킹 구현

1998년 심각한 경제 상황 속에 발표된 고객 만족 우선순위는 후지제록스 입장에서는 돌파구를 찾아야 할 정도로 긴급한 상황에 직면하게 되었다. 그 결과 경영품질 향상 활동과 더불어 모든 임직원이 고객 만족도 상승을 위하여 개선 및 혁신활동에 필요한 모든 역량을 모으고 전사적 개선활동을 하기로 결정하고 뉴 제록스 운동(NX 운동)을 전개해 나가기로 하였다.

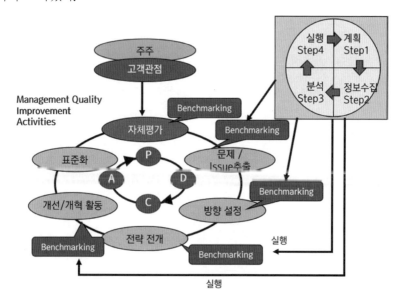

뉴 제록스 운동은 기업 체질 강화를 목표로 한 활동은 고바야시 회장의 강력한 리더십을 통해 전사적으로 확대 본격화하였으며, 영업을 포함한 기업 체질의 기반이 확립되는 밑거름이 되었다. 후지제록스는 뉴제록스 운동을 통하여 자체적으로 과학적인 영업 판매 프로세스 기법(시장 데이터와 Daily Control System 활용한 프로세스 중시 영업활동)을 개발하여 사회적으로도 평가된 바도 있다. 경영품질을 개선하기 위하여 후지 제록스의 모든 임직원과 전 부서가 참여했던 혁신 활동인 '뉴 제록스 운동'은 옆의 도표와 같이 벤치마킹 활동과 함께 실행되었다.

경쟁력 향상을 위하여 관리품질 개선활동이 실시되고 부서의 역량이 강화되면서 이에 따라 부서별 뉴 제록스 운동은 계획된 메커니즘에 맞춰 추진되었다.

우선 고객의 관점에서 자기 부서의 다양한 프로세스와 시스템 평가를 자체 실시하고, 확인된 문제와 객관적인 데이터, 개선 영역 등으로 구분하여 비교하였다.

그리고 벤치마킹 결과로써 확인된 성능, 프로세스, 시스템 또는 운영방법에 대하여 구체적으로 실행계획을 세우고 관계부서로 전달하면서 목표 또한 재설정하게 하였다.

개선 활동이 추진되면서 벤치마킹을 통한 얻게 된 내용은 매우 유용하게 활용되었으며, 또한 품질 개선활동 과정에서 벤치마킹은 매우 효과적인 도구로 인정받게 되었다.

2) 벤치마킹은 아래와 같이 문제 해결 프로세스에 사용

첫째, 벤치마킹은 개선 테마 선택 시 문제를 명확히 정의하는 유용한 방법이기도 하다. 또한, 목표를 설정해야 하는 경우 목표 수준의 레벨을 논리적으로 설정하는 데도 사용할 수 있다.

일반적으로 목표 수준을 설정하는 방법은 매우 주관적이고 다소 모호하지만, 벤치마킹을 적용하면 명확히 할 수 있다. 게다가 다른 회사와 비교하여 현재의 수준을 확인하고 호환성을 검토하는 데 도움이 될 수 있다. 또한, 대책이 설정되고 평가의 척도를 설정할 때 더 나은 아이디어와 타당성에 대한 근거가 될 수 있으므로 프로세스를 검토하면서 다음 벤치마킹 계획을 결정할 수 있다. 따라서 벤치마킹은 문제를 해결하는 각 단계에서 매우 효과적으로 활용될 수 있다.

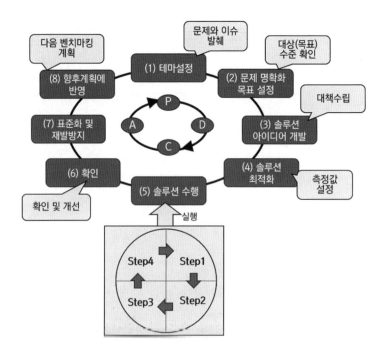

3) 벤치마킹 구현의 장점

벤치마킹을 구현하면 우물 안 사고에서 탈피하여 외부와의 비교를 통해 자사의 현재 위치와 한계를 확인할 수 있다. 내부 기준의 효율성이 아닌 외부 기준의 효과성을 통해 바라볼 수 있기 때문에 객관적으로 자사의 실력을 판단할 수 있으며, 전략적인 측면에서 후발주자로 추격전략을 취할 수 있다.

– 자신의 프로세스를 이해한 후 자사의 강점과 개선 필요영역을 이해함으로써 문제를 추론하여 강점과 개선영역을 확인할 수 있다.
– 도전 목표 설정: 벤치마크 대상의 회사가 이미 목표를 달성했기 때문에 사실적이면서도 도전적인 목표를 향해 개선 및 혁신활동에 확신을 가지고 목표를 설정할 수 있다.
– 경영개선 방법 확보: Best Practices를 수집하여 고객 만족도와 생산성 향상, 비용 절감, 품질 좋은 서비스 제공 등 다양한 방법을 통하여 경영성과를 달성할 수 있게 한다. 특별히 비즈니스 프로세스를 새로이 설계하고, 도전적으로 목표 수준을 새로이 설정하고, 이를 달성하는 방법을 터득할 수 있는 기회를 얻을 수 있다.

4) 모든 산업에서 모범 사례를 발굴

프로세스를 개선하거나 혁신사례는 동일한 산업뿐만 아니라 다른 산업에서도 찾을 수 있다. 이러한 방법으로 도약과 돌파구를 찾을 기회를 확보할 수 있다.

5) 변화의 동기 부여

벤치마킹을 통해 직원들이 변화하고 개선의 필요성을 인식하도록 강하게 동기 부여할 수 있다.

벤치마킹 성공의 요소

벤치마킹을 구현하면 새로운 프로세스와 성과를 창출할 수 있겠지만, 벤치마킹을 주의 깊고 세심하게 하지 않는다면 좋은 결과를 만들어 낼 수 없는 것은 당연한 이치이다. 다음은 벤치마킹을 성공적으로 실행하기 위한 필요한 조건들이다.

1) 벤치마킹의 명확한 이유

가장 중요한 것은 벤치마킹해야 할 이유가 명확해야 한다. 즉, 벤치마킹이 필요한 프로세스의 문제를 명확하게 확인하는 것이다. 이것은 놀라운 발견(발전)으로 이어질 것이며, 목표를 달성하도록 하는 조직원들의 강한 동기부여가 될 것이기 때문이다.

2) 최선을 다하겠다는 강한 의지

벤치마킹을 구현하는 담당자 또는 부서는 최선을 다해야 한다.

어떠한 장애물이 있다고 하더라도 결코 포기하지 않는 노력과 끈기 그리고 최고를 능가하려는 열정은 중요한 요소이다. 벤치마킹은 최선을 다하겠다는 강한 의지 없이는 성공할 수 없다.

따라서 높은 목표를 설정하고 열정을 가지고 도전할 필요가 있다.

3) 고위층의 참여 및 지원

분석 결과가 자신의 부서뿐만 아니라 관련 부서까지 더불어 혁신하고 변화하는 데 큰 영향을 미칠 수 있다. 또한, 개선과 혁신하는 과정은 관리자의 지원은 필수적이다. 다른 회사를 방문하거나 협상이 필요하게 될 경우 관리자의 지원을 필히 받아야 하며, 부서장이 함께 벤치마킹 모델 회사를 방문함으로써 관리자와 함께 모범 사례를 직접 배우고 변화의 필요성을 직접 깨달을 수 있다.

4) 방문 후 데이터 분석

방문 직후, 벤치마킹 참가자는 철저한 데이터 분석과 토론을 통해 자신의 회사에 명확하게 개선 방향성을 제안해야 한다. 또한, 방문 중에 제공된 데이터나 노하우가 있다면 문서화하여 공유할 수 있도록 해야 한다. 이 과정을 통해 깊은 통찰력을 얻을 수 있다.

5) 체계적이고 지속적인 구현

벤치마킹은 단순 활동으로 끝나기보다는 체계적이고 지속적으로 실행되어야 한다. 벤치마킹 대상 모델과 동일한 방법을 택해도 좋겠지만 다른 산업의 노하우를 지속적으로 학습하여 체계적으로 업그레이드시킬 필요가 있다. 한 특정 회사를 지속적으로 벤치마킹을 함으로써 최고의 수준을 향한 개선활동이 될 수 있겠지만, 경쟁업체들도 벤치마킹을 시도하고 있다는 것을 잊지 말아야 한다.

벤치마킹 장애물

다음 요소는 벤치마킹을 할 때 장애 요소이며 경계해야 할 필요가 있다.

1) 부서장의 이해 부족

관리자가 벤치마킹의 이해나 관련 지식 부족으로 인해 벤치마킹 활동을 지원하지 않으면 장애 요소가 될 수 있으며, 그저 벤치마킹을 단순한 모방으로 오해하는 원인이 될 수 있다.

2) 프로모터(벤치마킹 기획자)의 관심 부족

프로모터가 충분한 결정이나 이해관계가 없는 경우 벤치마킹은 원활히 이행할 수 없다.

3) 벤치마킹 모델회사와 어려움을 겪는 경우

벤치마킹 모델회사와 약속을 하는 데 어려움을 겪는 경우가 많다. 준비가 철저하더라도 약속을 할 수 없는 경우가 많은데 포기하지 말고 약속을 잡을 수 있도록 모든 방법을 생각해 봐야 한다. 왜냐하면, 우리를 배제하고 경쟁자와 협상할 수 있기 때문이다.

따라야 할 규칙

벤치마킹을 실행할 때 염두에 두어야 할 네 가지 규칙이 있다.

1) 비밀 유지

벤치마킹을 통해 비공개하기로 하고서 확보한 결과나 정보를 회사 외부에 공개해서는 안 된다. 이러한 정보는 내부적으로도 신중하게 처리되어야 하며, 이 정보는 벤치마킹으로만 활용되어야 한다.

2) 쌍방향 벤치마킹

벤치마킹은 오로지 정보를 수집하는 것이 아니고 주고받는 것이다. 즉, 한쪽에서 요청한 정보를 오픈하게 되면 상대적으로 동일한 수준의 정보가 요구할 수 있다. 따라서 사전 제공해야 할 정보에 대하여 문서로 제공하기 위해 보안등급을 확인하거나 오픈해도 되는지 사전 확인해야 할 것이다.

3) 벤치마킹 모델 회사에 대한 고려 사항

정보를 교환할 수 있도록 허락한 벤치마킹 모델회사의 결정과 기업 문화에 대하여 존경심을 표하는 것에 대하여 고려하여야 한다.

4) 철저한 준비

벤치마킹 효과를 극대화하기 위해서는 시간을 갖고 철저한 준비가 필요하다.

기본 단계

이 장은 주로 프로세스 벤치마킹에 대하여 설명하였다.

1) 처음으로 벤치마킹을 시작하는 사람들에게

처음으로 벤치마킹을 시작하는 사람들은 준비가 지루하고 장애물이 너무 높다는 인상을 받을 수 있다. 그러나 벤치마킹의 실행이 처음부터 완벽할 수 없다. 따라서 가장 중요한 것은 일단 시작하는 것이 중요하다. 가능하다면 경험 있는 사람에게 조언을 구함으로써 시행착오를 줄일 수 있도록 하는 것이 좋다. 그러니 너무 많은 걱정과 생각을 하지 말고 일단 실행해야 한다.

2) 4가지 기본 단계

벤치마킹 구현에는 '계획, 정보 수집, 분석, 실행' 네 가지 단계가 있다. 이러한 단계는 프로모터가 벤치마킹을 통해 어떻게 진행할 것인지에 따라 달라진다. 이러한 단계는 국제 벤치마킹 클리어링 하우스가 P.D.C.A 주기와 맞추어 제공한 모델이며, 이에 따라 '계획, 정보 수집, 분석, 실행'으로 구성하였다.

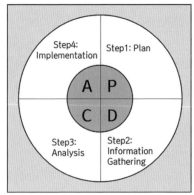

- Step 1 〈계획〉

첫 번째 단계는 계획하는 것이다. 계획하려면 자신의 회사의 운영상태를 이해해야 한다.

프로세스와 운영을 완전히 이해함으로써 자기 회사의 강점이 무엇이고 또한 개선이 필요한 영역이 무엇인지 확인할 수 있다. 다음 단계는 벤치마킹하고 세부 정보를 수집할 회사를 선택하는 것인데, 이 단계에서는 자신의 문제를 신중하게 확인할 뿐만 아니라 무엇을 벤치마크할 것인지에 초점을 맞추어야 한다.

- Step 2 〈정보 수집〉

두 번째 단계는 정보를 수집하는 것이다. 어떤 회사가 '최고'인지 확인해야 한다. '최고'는 경쟁업체가 누구인지, 업계 내외에 따라 달라질 수 있다. 상황에 따라 글로벌하게 확장될 수 있으며, 벤치마킹 모델 회사를 방문하여 정보를 수집한다.

- Step 3 〈분석〉

세 번째 단계는 분석하는 것이다. 우선, 자신의 회사를 최고 회사와 비교하여 보라. 모범사례 또는 벤치마킹 회사 간의 차이점과 격차를 분명하게 분석해야 한다.

특정 회사가 최고인 이유와 프로세스를 이해하고, 자신 회사의 돌파구가 무엇인지 생각해야 한다.

– Step 4〈실행〉

마지막 단계는 실행하는 것이다. 물론 최선을 다해야 하며 모범 사례를 수정하여 자신의 회사와 맞추고 운영 프로세스에 적용한다. 최고와 같은 레벨을 목표로 하여 실행한 후 다음 단계로써 최고를 초과하는 도전을 해야 한다.

3) 벤치마킹 수행방법

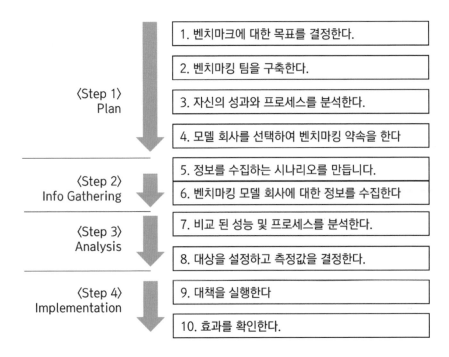

벤치마킹을 수행하는 방법은 위의 네 단계를 기반으로 하지만 실제로

다음 페이지에 표시된 대로 10단계로 세분화된다. #3과 #5가 동시에 구현되며, 벤치마킹된 내용에 따라 각 단계의 핵심 포인트와 난이도가 다를 수밖에 없다. 예를 들어 내부 벤치마킹을 위한 계획 단계는 단순히 정보 수집 프로세스가 아니라 #3 완료 및 #4에 중점을 두어야 한다.

EPILOGUE

어떠한 기업은 성공 가도를 달리고 어떠한 기업은 실패하는 것일까?

우연히 성공하는 회사는 있을 수 있지만, 우연히 성공을 지속하는 회사는 있을 수 없다.

'단 한 번의 성공'을 표준화하여 조직 내 공유하고 지속적으로 성과를 유지하기 위하여 시스템을 체계적으로 운영하고 관리하여야 한다. 그것이 이 책을 통해서 피력했던 전략이고 방침활동이며, PDCA 사이클이기도 하고 벤치마킹 활동이기도 하다.

하지만 그 모든 것들은 조직원들이 생각하고 계획하며 활동하여야 하기 때문에 생각과 의지가 없는 조직에는 무용지물일 것이라는 생각이 든다. 즉, 기업이 아무리 훌륭한 전략을 수립했다고 하더라도 조직원 개개인 모두가 목표를 성취하려는 열정과 끝장정신이 없다면 전략과 방침활동은 무용지물이 될 것은 당연하다. 오히려 요식적인 간접활동으로 무의미한 시간 낭비뿐 아니라 조직의 진짜 문제점을 가리고 회사를 더욱 위태로운 상황으로 만들 수도 있다.

최근 몇 년간 일본, 싱가포르, 말레이시아에 있는 최고의 관리자들과 연합하여 해외 지사 중 가장 실적이 저조한 지사 한 곳을 선정하여 지원활동을 해 왔다. 우리는 생산성과 수익성 개선을 위하여 전략을 수립하고 여러 가지 관리지원을 하는 등 많은 공을 들여 지원하여 왔지만 그들의 실적이 좀처럼 향상되질 않았다. 과연 무엇이 문제일까?

결론적으로 그들의 일하는 문화와 의식에 문제가 있음을 지적하지 않을 수 없었다.

해외 지사에 있는 조직원들은 나를 포함한 외부 사람으로부터 관리감독을 받는 불편함을 느끼고 있음에도 불구하고 이러한 상황을 탈피하기 위한 어떠한 사명감, 책임감, 비장한 각오, 의지 같은 걸 전혀 느낄 수 없었으며, 오히려 회의 때마다 그들의 핑곗거리를 나열하는 소리밖에 들을 수 없었다. 즉, 그들에게는 '방법'이 없는 것이 아니라 '생각'이 없던 것이었다.

실질적으로 성장하는 기업에 방문해 보면 뜨거운 열정을 느낄 수 있다.

자신들이 어디를 향해 가고 있는지 무엇을 목표로 하는지를 분명히 알고 있기 때문에 자신들의 의견과 아이디어를 자유스럽고 진취적으로 내놓는 것을 볼 수 있다. 그렇게 생각이 모여지고 또 의지가 결합이 되기 시작하면 그 힘은 단순 합 이상으로 배가되고, 도약의 모멘텀이 만들어지는 것을 알 수 있다.

어느 기업에서 개발하여 시장에서 획기적인 선풍을 이끌었던 '날개 없는 선풍기', '먼지봉투 없는 청소기' 같은 제품의 경우 수천 번의 실험과 실패를 거듭한 끝에 마침내 성공적으로 제품을 만들 수 있었다고 한다. 이리한 성공 스토리는 전 사원이 끝장정신으로 '답이 나올 때까지 집중

하는 업무 문화'가 있었기 때문일 것이다.

끝으로 조직에서 리더의 역할과 책임감을 가지고 있는 사람들이 이 책을 통하여 자사의 환경과 비교하며 시스템적인 사고에 대해 잠깐이라도 생각할 수 있는 기회가 되기를 바라는 마음으로 이 책을 갈무리하려 한다.